JN114132

痛みの心理学

感情として痛みを理解する

Yuichi Ogino

荻野祐一 編

誠信書房

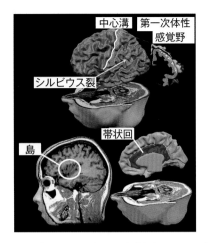

図 1-1　主な痛み関連脳領域【本文 11 ページ】

〔上〕第一次体性感覚野（somatosensory area I）：中心溝の直後に位置する体性感覚
　領域で，ここには触覚および痛覚の体表地図（somatotopy）が存在することが知
　られている（Ogino et al., 2005）。

〔左下〕島（insula）：さまざまな感覚情報が通る重要な中継地点で，痛みの感覚・認
　知・感情面のすべてに関わる。また，島の前後部位で役割が異なる。

〔右下〕帯状回（cingulate cortex）：その名のとおり，帯のように脳梁を取り囲む大
　脳皮質で，比較的原始的な辺縁系と呼ばれる脳の大部分を占める。痛みの認知と感
　情，下行性抑制系など多機能に関わる最重要な脳領域。

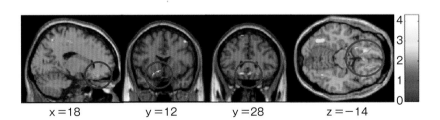

図 1-6　甘味を摂取したときの脳報酬系活動【本文 19 ページ】

〔注〕筆者らは文字どおり，人間にアメ（飴）を与えたすぐ後にムチ（痛み刺激）を
　被験者の前腕に，機能的 MRI（fMRI）測定しながら与えたところ，痛み刺激に誘
　発される痛み関連脳領域の活動は小さく抑えられ，代わりに本図のような報酬系活
　動が見られた。このことは，痛みと癒し（痛み関連脳領域と報酬系領域）が脳内で
　天秤（バランス）関係（図 1-5）にあることを示している。同様に，脱水状態にあ
　る人間に水を与えたときにも，報酬系領域活動が増し，痛み関連脳領域の活動が減
　少した。

〔文献〕Kakeda et al.（2010）

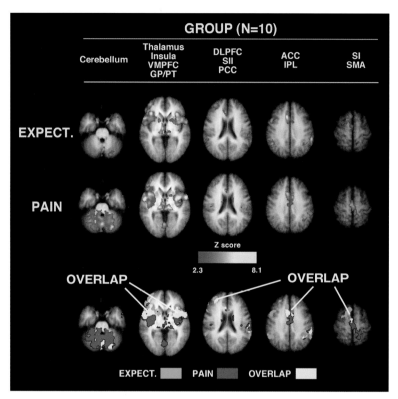

図 2-2 痛みの予期と痛み体験に関わる脳活動【本文 28 ページ】

〔注〕痛みを予期すること（EXPECT.：上段）および実際に痛みを体験すること
（PAIN：中段）による脳活動を示してある。下段には，痛みの予期（EXPECT.）
活動（上段）と痛み体験（PAIN）活動（中段）の双方に共通する活動
（OVERLAP）を示してある。

〔略語等〕ACC：前帯状回，Cerebellum：小脳，DLPFC：背側外側前頭前野，GP/
PT：淡蒼球/被殻，Insula：島，IPL：下頭頂小葉，PCC：後帯状回，SMA：補足
運動野，SI：第一次体性感覚野，SII：第二次体性感覚野，Thalamus：視床，
VMPFC：腹側内側前頭前野，N = 10：被験者 10 名。

〔文献〕Koyama et al.（2005）

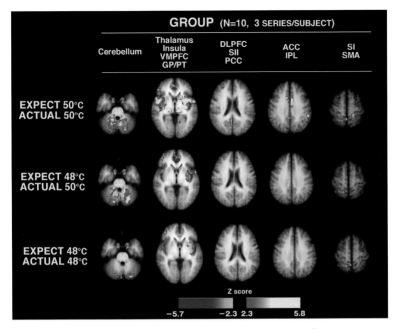

図2-4　痛み体験に応じる脳活動【本文30ページ】

〔略語等〕図2-2 および図2-3 に同じ。

〔文献〕Koyama et al.（2005）

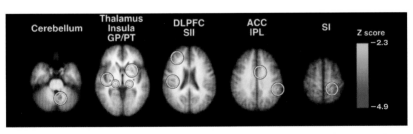

図2-5　50℃熱刺激に反応する脳画像（図2-4 の上段と中段）の直接比較の結果
**　　　　【本文31ページ】**

〔注〕EXPECT 48℃は，EXPECT 50℃に比較して，図に示された領域で活動が減少
している。

〔略語等〕図2-2 に同じ。

〔文献〕Koyama et al.（2005）

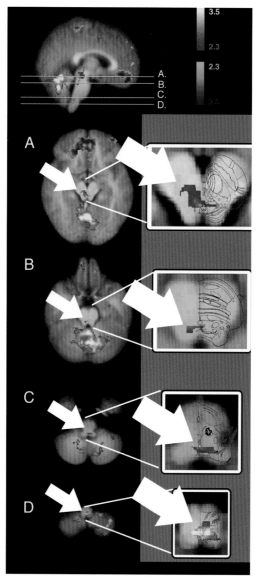

図 2-9　脳幹部に見られた「オフセット鎮痛」に関連する活動【本文 35 ページ】
〔注〕中脳水道周囲灰白質（図内の白矢印）に活発な活動が見られる。
〔文献〕Yelle et al.（2009）

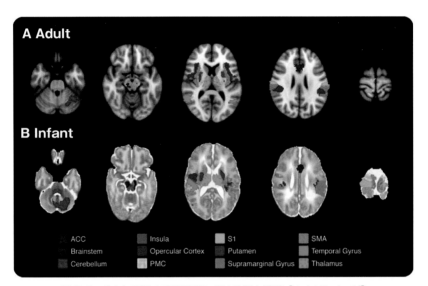

図 5-2　成人と乳児の痛覚受容における脳内機構【本文 73 ページ】

〔注〕痛覚受容時の成人（上段 A の Adult）と乳児（下段 B の Infant）の痛み関連脳
　領域の活動の脳局在部位をそれぞれ示したものである。成人と乳児では痛覚受容に
　伴う脳活動は近似しており，脳画像上では成人と乳児でおおむね双方とも同じ脳局
　在部位が痛みの受容に活性化していることが明らかになっている。

〔略語等〕ACC：前帯状回，Brainstem：脳幹，Cerebellum：小脳，Insula：島，
　Opercular Cortex：弁蓋皮質，PMC：一次運動野，S1：第一次体性感覚野，
　Putamen：被殻，Supramarginal Gyrus：縁上回，SMA：補足運動野，Temporal
　Gyrus：側頭回，Thalamus：視床。

〔文献〕Goksan et al.（2015）

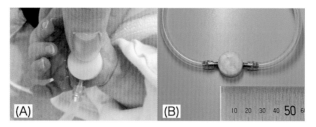

図5-3　新生児の手掌部と小型改良した測定用プローブ【本文 77 ページ】

〔注〕新生児の手掌部面積は小さいだけでなく，生後間もないことから軽度湿潤しており，剥がれかけた状態の皮膚の表皮も付着していることからも非常に脆弱である（A）。そのため，まずは測定用プローブを改良して直径 17 mm，厚さ 5 mm 程度まで小型化した（B）。また，発汗計測時は新生児の手掌部にプローブを用手的に密着させた。

〔文献〕Kakeda et al.（2018）

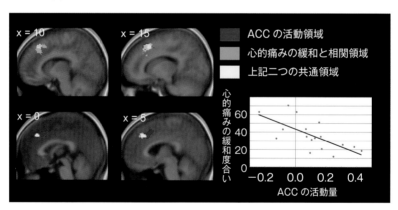

図8-3　中立な人の心的痛みを緩和する際の前帯状回（ACC）の活動領域
【本文 121 ページ】

〔注〕心の痛みを表す前帯状回（anterior cingulate cortex; ACC）の活動，被験者が評定した心的痛みの緩和度合いと相関を示す領域，これら 2 つの領域の共通領域をそれぞれ示し，右下の散布図は，被験者が評定した心的痛みの緩和度合いと ACC 活動量の負の相関を示している（心の痛みが緩和されるほど，痛み関連脳領域である ACC の活動が低下する）。

まえがき

痛みは何のためにあるのか

　一言で表すならば，痛みは，すべての生物において，その「生存可能性」を高めるためにある。どんなに小さな生物でも，生命を脅かすような危害が加えられそうになったらすぐに逃げる行動をとるだろう。そのための警告が「痛み」なのである。もし痛みを感じ取ることができなければ，その生物は逃げることができずに怪我をしてしまったり，最悪の場合では死滅してしまったりするだろう。究極の痛みとは死であり，あらゆる生物は死から逃れようと日々を生きているわけである。したがって，究極の痛みである死，死への接近を意味する病をなるべく遠ざけ，痛みからの解放を目指すことは，医の原点である。

　「我思うゆえに我あり（自分という存在を意識できるからこそ自我がある）」という有名な言葉を残したフランスの哲学者デカルト自らが，1644 年に *Traité de l'homme*（英語：*Treatise on Man*，日本語：人間論）で描いた挿絵において，痛みは侵害刺激（挿絵の中では足の火傷）によって，脳の中心まで伸びた縄が引っ張られて痛みが脳まで伝わるとされている。足に痛

デカルトによる挿絵

みを感じた人間は，スッと足を引き戻し，火という侵害受容（危害）から逃れようとするだろう。したがってここでも，痛みはきちんと「警告」としての役割を果たしている。

　しかし筆者は，この挿絵を含め最近に至るまで長きにわたり，痛みが末梢から脳まで伝わる単なる感覚と扱われてきたことに変革が必要だと考えている。特に人間のような前頭葉が他の動物よりも極端に発達し，大きな集団と高い社会性を形成している生物にとって，社会から仲間外れにされて締め出されること，例えば「村八分」のように社会的に疎外されることは，飢死する可能性を意味する。人間にとって，社会的疎外は生存可能性を低くする「痛み」として感じるのである。誰しも痛みからなるべく逃れて，永遠に安穏とした生活を送りたいと願うものだが，究極の痛みである死が万人に訪れるように，痛みはさまざまなライフステージにおいて避け続けることはできない（no pain, no life.）。

では，人間は「痛み」に対していったいどう対処したらよいのか

　本書『痛みの心理学──感情として痛みを理解する』が画期的なところは，そうした疑問にさまざまな角度で答え，日常場面で使えるさまざまな処方箋を示していることである。本書は，痛みが喜怒哀楽に並ぶ「痛」という人間の感情活動であるということを解き明かすことから始めている。そのエビデンス（科学的証拠）を，現代人の共通認識へとアップデートすることにより，より少ない痛みで，より豊かな生活を送ることができるよう，痛みのパラダイムシフト（概念転換）が起きることを願っている。

　特に，心理学研究における痛み，アロマセラピーやマッサージの実際的なエビデンス，赤ちゃんが感じる痛み，女性の月経周期と痛みの関係，なぜ他人を癒そうとするのかというテーマに至るまで，それぞれの専門家が，自らの研究体験をもとに信頼度の高いエビデンスを提供しながら，「痛み」をひとつにまとめた書物は今までなかったと自負している。本書は心理学関連の学生や医療関係者はもちろんのこと，痛みと癒しについて興味を持っている人，痛みに苦しむ患者さん（本文中では単に「患者」と表記した）にまで，幅広く役立てるように努めている。しかしながら，脳科学成果が中心となる

ため，脳の解剖について予備知識がないと戸惑う部分が多いと思われる。そこで，0章として本書で頻出する脳部位について（簡単ではあるが）まとめておくこととした。必要に応じて，随時0章に戻って確認していただきたい。

編者　荻野　祐一

目　次

0章

本書を理解するための脳の基礎知識

荻野 祐一

⚡脳の外観⚡

　脳の外観は，慣れないと単なるしわくちゃな物体にしか見えないかもしれない（筆者もそうであった）。しかし「中心溝」と「シルビウス裂」の2つをまず見つけることによって，その外観は浮き上がってくる。中心溝を見つけるのは，（図0-1左）にあるように「Tの字を斜めにしたような溝」をまず見つけて，その1つ後ろの溝が「中心溝」と覚えておけばよい。この中心溝と，大きなシルビウス裂を境にして，前頭葉・頭頂葉・側頭葉と分けられ

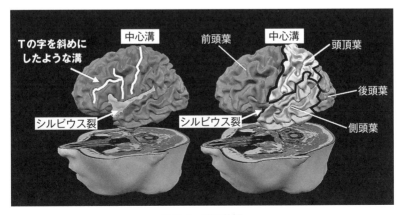

図0-1　脳の外観

る（図 0-1 右）。また，頭頂葉と後頭葉の境は頭頂後頭溝という溝があるが，ここでは割愛する。後頭葉と側頭葉の境界は曖昧となっている。大事なのは，中心溝の直後には「第一次体性感覚野」が広がっており，頭からつま先までの体表地図が存在している。この第一次体性感覚野で「どこが痛いのか」という判別的な情報を処理している（図 1-1 参照）。

⚡ 前頭前野（PFC）⚡

　額のすぐ後ろにある広く大きな脳領域が，前頭前野（prefrontal cortex；PFC）である。この PFC こそ，人間が他の動物に比べて大きく発達した脳領域（人間の場合は大脳皮質の約 30% を占めるが，サルでも 10% 以下）であり，人間を人間らしくさせている高度な精神活動——思考，判断，感情，行動の制御（コントロール）を担う。つまり一般に「前頭葉」と呼んだり，単に「脳」と呼んだりしているのは，この PFC のことを指すことが多いだろう。しかし正確に記せば，前頭葉は前方の PFC と，後方部分の運動前野と運動野（両者とも運動制御に関わる）を含んでいる（図 0-2）。

　PFC は広範な領域と多様な機能を持つが，本書では，感情と認知，脳幹へと至る下行性抑制系につながることから，「痛み体験の管理センター」と

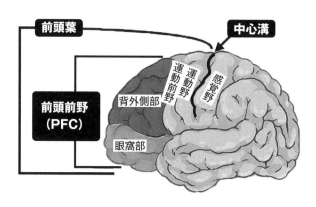

図 0-2　前頭前野（PFC）

して PFC を紹介している。例えば，認知を強烈に変化させる信仰心，偽薬効果（プラセボ効果）や無痛症患者の脳活動として（3章を参照），あるいは慢性痛治療の鍵となる領域（9章を参照）として紹介している。

⚡ 線条体 ⚡

線条体（striatum）は，大脳皮質と視床の中間にあり，その両者と密接に連絡をとる神経核であり，奥にある視床を被うように存在する被殻と，被殻から尾のようにグルッと旋回する尾状核の2つの部位からなる（図0-3）。その名の由来は，被殻と尾状核の間にある白質を貫くように線条に結びついていることから「線条体」と名づけられている（筆者は実際脳を解剖してみて初めて「線条体」という名称の由来を実感できた）。

線条体もさまざまな機能を持っており，情動と運動学習，意思決定，報酬，依存症などに関わる。本書では，社会的報酬に関わる脳領域（8章を参照）と，医療者の持つ現実的視点との関わり（9章を参照）において，線条体を紹介している。

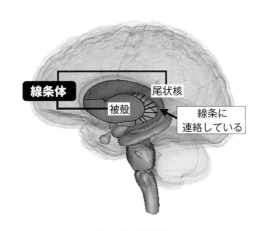

図 0-3　線条体

〔文献〕Anatomography の図を著者一部改変。

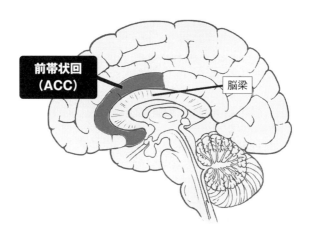

図 0-4　前帯状回（ACC）

⚡ 前帯状回（ACC）⚡

　前帯 状 回（anterior cingulate cortex; ACC）は，脳 梁（左右の脳を結び
つけている連絡路）を帯状に囲む帯状回（図 1-1 の右下参照）のうち，前
方にある帯状回を指す（図 0-4）。

　ACC は，共感や情動，認知といった機能に関わっている。特に痛みの感
情としての役割を持ち，痛み関連脳領域（pain matrix）の主要な脳領域で
ある（1 章を参照）。また「痛みの主観性」「痛みの予期」「痛みの思い込み」
「オフセット鎮痛」をテーマに，サルと人間の前帯状回ニューロン対する反
応を詳細に調べた心理学的実験を，2 章で紹介している。

⚡ 島 ⚡

　最後に押さえておくべき重要な脳領域は島（insula）である。島は「脳の
外観」（図 0-1）で図示したシルビウス裂を掻き分けると，中に埋まるよう
にある（図 0-5 左）。確かに，シルビウス裂の中に，前頭葉，側頭葉，頭頂

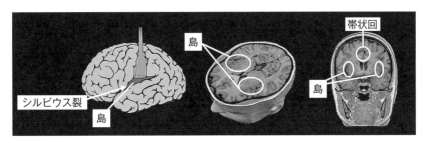

図 0-5　島

葉，線条体に囲まれた出島のように存在している（図 0-5 中央と右）。

　島は内的受容感覚や，情動，共感，自己意識などの高次機能に関わる。内的受容感覚とは，ざっくり言えば，あらゆる感覚を統合した自己の感覚で，島はさまざまな感覚情報の中継地点として，それらを統合する役割を持っている（図 1-2 を参照）。

　島の前部と後部で役割が異なっており，再度ざっくりと言えば，前部が感情や共感に，後部が体性感覚に関わっている。本書では，島全体が痛み関連脳領域の 1 つであること，島前部における痛みの感情面とともに，社会的な痛み（1 章，8 章を参照）として紹介している。特に前帯状回（図 0-4）と島前部は「痛みの共感」の神経基盤として確立しており，重要である（3 章を参照）。

痛みは感情

喜怒哀楽＋痛！

荻野 祐一

⚡ 1-1 ⚡
はじめに──痛みは感覚か，感情か

　痛みは本来，身体の損傷を生体に警告する役割を担っており，純粋な感覚情報，あるいは脊髄反射，触覚の亜型，などと認識されてきた時代が長かった。確かに，痛みは「侵害受容刺激」（1-2 節で解説）という意味ではまず感覚である。しかしながら，その先の脳（特に上位中枢である大脳皮質）にその情報が至ったとき，痛みは脳で感じる感情となり，喜怒哀楽に並ぶ「痛（痛い）」という脳活動として表れる。

　まず本書の最初に，「痛みは感情」，しかも強い感情であるということを，お伝えしたい。なぜならば，筆者自身も当初，痛みは感覚であるとの先入観にとらわれていて，痛みが感情であることを，本能的にスッと腑に落ちるように受け入れることができなかったからである。しかしながら，自ら研究を進めるにつれて，痛みは感情であることを実体として受け入れることができた経緯がある。その研究とは，1990 年代から急速に発達した脳機能画像の解析を用いた研究であり，脳画像解析研究──いわゆる「脳科学」は，2000年代になってから急速にお茶の間の話題となるほど身近になり，さまざまな人間の社会活動を解き明かしてきた。脳画像とは脳磁図や磁気共鳴画像（magnetic resonance imaging; MRI）を用いているのだが，なかでも MRI 機器と画像構築・解析の進歩は群を抜いており，現在でも日進月歩の進化を

見せている。

　人間を対象とした脳画像のコンピューター演算による解析技術が進むに従い，非侵襲的に（脳に電極を刺すこともなく）脳内の活動を観察できるようになり，社会的な動物として生きている人間の脳活動を，つまり心を，論理的に解析し解釈できるようになった。そして，痛みを単なる「感覚」ではなく「感情」として理解したほうが，人間を取り巻くさまざまな心理・社会的事象をより論理的に，心の論理学（心理学）として解明できるようになってきた。脳画像解析と心理学の相性は抜群によかったのである。

　痛みは，人間の感情であり，人間の人生の根幹をなすもの（no pain, no life）であること，健康人であっても正しい科学的知識を武器として，痛みという感情と一生涯にわたり付き合っていかなければならないこと——本書『痛みの心理学』では，それらを伝えるため，それぞれの章の専門家とともに，脳科学知見を中心に解説する。

⚡ 1-2 ⚡
痛みの定義——なぜ 41 年ぶりに改訂されたのか

　2020 年，国際疼痛学会で定める「痛みの定義」が 41 年ぶりに改訂された（Raja et al., 2020）。なぜ改訂を必要としたのだろうか。以下に，1979 年版と 2020 年版の痛みの定義を示す（日本語訳および強調は筆者による）。

> 【1979 年版の痛みの定義（国際疼痛学会）】
> An unpleasant sensory and emotional experience associated with actual or potential tissue damage, **or described in terms of such damage**.
> （実質的あるいは潜在的な組織損傷に関係する，あるいはそのような**損傷を表す**不快な感覚・情動体験）
> 【2020 年版の痛みの定義（国際疼痛学会）】
> An unpleasant sensory and emotional experience associated with, **or resembling** that associated with, actual or potential tissue damage.
> （組織損傷が実際に起こったときあるいは起こりそうなときに付随する不快な感覚および情動体験，**あるいはそれに似た**不快な感覚および情動体験）

どこがどのように変わったのか，すぐに分かっただろうか。実は，上述したように，痛みの定義は 1979 年版から 2020 年の改訂版においてほとんど変わっておらず，前半部分（An unpleasant sensory and emotional experience associated with …）に至っては，まったく変わっていない。改訂されたのは，"described in terms of such damage"（あるいはそのような損傷）が，"or resembling"（あるいはそれに似た）というフレーズに簡略化され，1979 年版の "damage"（損傷）という語意に限定することを，2020 年版において避けたことが唯一の変更点といってよい。では，その唯一の変更点（痛みの定義から "damage" という語意に限定することを避けたこと）は，なぜなされたのか。

　その理由は，1979 年版の定義においては，痛みの生体警告系として侵害受容（nociception）や器質的な身体損傷（damage）に重きを置いていたことから，**痛みの感情面から人間の健康に与える悪影響が大きいことが見過ごされてしまう懸念が大きかった**ためである。つまり，痛みの心理・社会的要素が，従来の定義だと見過ごされてしまうことを懸念したために，41 年ぶりに改訂されたのである。改訂された定義は，やや分かりづらい変更であることは否めないが，"or resembling"（あるいはそれに似た）という曖昧なフレーズに置き換えることにより，包括的に痛みを表現し，多様な意味づけに対応したと思われる。また，この改訂された痛みの定義に付帯する，以下の6 項目をご覧いただきたい（Raja et al., 2020）。

【2020 年版の痛みの定義（国際疼痛学会）の付帯項目】

①痛みは常に個人的な体験であり，生物，心理，社会的要因に影響される。

②痛み（pain）と侵害受容（nociception）は別物である。痛みは感覚神経活動のみから生じるものではない。

③人間は人生経験を通じて「痛み」という概念を学習する。

④個人の「痛い」という訴えは尊重されるべき。

⑤痛みは症状として扱われることが多いが，社会生活や心の健康に悪影響がある。

⑥自己申告のみが唯一の痛み評価法だからこそ，意思疎通不可能な人間や動物の痛みを否定してはならない。

以上の6項目は，2020年の痛みの定義の改訂において追加されたものである。この付帯項目は，痛みの本質を捉え，痛みの感情面が人間の健康に与える影響をより分かりやすく記述したものである，と筆者は考えている。

⚡ 1–3 ⚡
痛みはどこで感じるのか

2000年代以降の急速な脳画像解析の普及により，人間の認知・感情活動を視覚化できるようになり，痛みは単なる痛覚（侵害受容）伝達から，脳における認知・感情体験へと移行した。そして痛みは，脳で感じる苦悩的な感覚・感情体験となったわけである。混同しやすいのは，「痛み（pain）」というのは最終的に大脳で統合される感覚・認知・感情体験であり，組織障害による純粋な感覚としての痛覚は「侵害受容（nociception）[*1]」として明確に区別することに注意が必要である。

あらためて，2020年版の痛みの定義における付帯項目の②を見てみよう（Raja et al., 2020）。

> ②痛み（pain）と侵害受容（nociception）は別物である。痛みは感覚神経活動のみから生じるものではない。

身体が侵害受容刺激を受けたとき，純粋な痛覚情報（侵害受容）が，末梢神経，脊髄痛覚伝導路を上行し，痛み関連脳領域（pain matrix，ペインマトリクス[*2]）に伝えられる。

この痛み関連脳領域には，主に第一次体性感覚野，第二次体性感覚野，島，帯状回など，広範な脳領域が含まれる（図1-1と図1-2）。侵害受容情

---

* 1 神経生理学の父 C. S. Sherrington が1900年に提唱した語で，「侵害」を意味するラテン語 noxa を語源としている。
* 2 マトリクス（matrix: 英語発音は“メイトリクス”）を直訳すると，基盤・基質・母体・鋳型・行列・細胞間質とさまざまで，イメージしにくい。日本語訳としての「痛み関連脳領域」は，「侵害刺激に対して活発化する関連領域」となってしまい，単なる神経反射のような味気ないものと感じてしまう。しかし，その語源をたどると「子宮」を意味するラテン語 Matrix（Mater［母］＋ix）であり，「何かを生み出すもの」を意味する。この「何かを生み出す」という意味合いを意識すれば，ペインマトリクスは「人間の脳で痛み感情を生み出す神経基盤回路」であることが，その語感からも感じ取れるであろう。

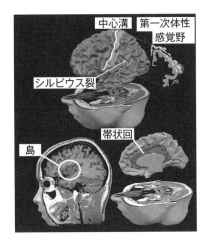

図 1-1　主な痛み関連脳領域【口絵参照】

〔上〕第一次体性感覚野（somatosensory area I）：中心溝の直後に位置する体性感覚
　　領域で，ここには触覚および痛覚の体表地図（somatotopy）が存在することが知
　　られている（Ogino et al., 2005）。

〔左下〕島（insula）：さまざまな感覚情報が通る重要な中継地点で，痛みの感覚・認
　　知・感情面のすべてに関わる。また，島の前後部位で役割が異なる。

〔右下〕帯状回（cingulate cortex）：その名のとおり，帯のように脳梁を取り囲む大
　　脳皮質で，比較的原始的な辺縁系と呼ばれる脳の大部分を占める。痛みの認知と感
　　情，下行性抑制系など多機能に関わる最重要な脳領域。

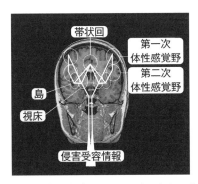

図 1-2　侵害受容が脳に至り，痛みとなるまで

〔注〕侵害受容（nociception）情報は，脊髄視床路を上行し，痛み関連脳領域に到達・
　　分散し，順次あるいは同時に活動する。気分や認知，環境，性格などさまざまな修
　　飾を受けながらも，最終的には前頭葉において痛み体験として統合され，痛み
　　（pain）の感情が形成される。

報は，脊髄視床路を上行し，痛み関連脳領域に到達・分散し，順次あるいは同時に活動して，最終的には前頭葉で痛み体験として統合され，痛みの感情が生み出されるのである（図1-2）。

⚡ 1-4 ⚡
理想的な「痛みの定義」

痛みの定義が2020年に改訂されたが，定義文だけ読むと，率直な印象として，なお分かりづらいと感じる。それには，以下のような問題点が挙げられよう。

- 改訂された単語である "resembling"（それに似た）が曖昧である。
- 一文が長く，定義として読解しにくい。
- "unpleasant"（不快な）という単語の語感が軽いことが改訂されないままである。

筆者は，Craigら（Williams & Craig, 2016）が提唱していた以下の痛みの定義のほうが，上に挙げたような問題点をカバーし，より明快に，痛みの心理・社会的要素を叙述しているように思う（日本語訳および強調は筆者による）。

> 【Craigら（Williams & Craig, 2016）の痛みの定義】
> Pain is a **distressing** experience associated with actual or potential tissue damage, **with sensory, emotional, cognitive and social components.**
> （組織損傷が実際に起こったときあるいは起こりそうなときに付随する，**感覚・感情・認知・社会面を伴った苦悩体験**）

Craigらの定義では，語感の軽かった "unpleasant" を "**distressing**"（苦悩的）という，より重みのある単語に置き換えられており，さらに心理・社会的要因を含めるように "**with sensory, emotional, cognitive and social components**"（感覚・感情・認知・社会面を伴った）と明示し，たいへん分かりやすいと感じる。

さらに，筆者（荻野, 2021）は，Craigらの定義と，2020年の改訂の意義（"damage" という語意に限定することを避けたこと）を踏まえ，次の「痛

みの定義」を提案した。

> Pain is a distressing, sensory and emotional experience.
> （痛みは苦悩的な感覚および感情体験である）

　筆者が提案するこの「痛みの定義」（荻野，2021）は，あえて定義文を最小限の単語構成にとどめることにより，逆にさまざまな意味を言外に示唆しようとする最小主義（minimalism）的手法を用いて痛みを定義づけしたものである。この定義においては「痛みが，最終的に脳で感じる感情体験であるからこそ，心理・社会的要素を含むのは必然」ということを言外に示唆している。また，先に挙げた6つの付帯項目（Raja et al., 2020）とも矛盾せず，むしろ定義が簡潔であるからこそ，6つの付帯項目の重要性を際立たせることができる。

　ちなみに，筆者が提案する「痛みの定義」では，"emotional experience"を「感情体験」と訳したが，国際疼痛学会で定める「痛みの定義」では，1979年版および2020年版ともに日本疼痛学会によって「情動体験」と訳されている。さて，emotion は感情だろうか，それとも情動だろうか。実は，emotion の訳語が感情と情動のどちらであるかは定まっていない（feeling を感情，emotion を情動と訳す場合もあるが定まっていないのが現状）。ここでさらに深く考察すると，情動とは，五感から入る情報により，意思決定や理性的判断に大きな役割を果たす強い感情であり，自律・内分泌神経反応を伴うもの——つまり本能的なものである。対して感情は，情動を知覚するものとされ，認知，状況判断，意思決定，予測などの高次機能を含むものである。つまり，emotion は感情と情動のどちらに訳すかを決することはできないが，前頭葉の前頭前野（prefrontal cortex; PFC: 図0-2参照）が，痛み体験の管理センターとして認知，感情，抑制系の起点となっていることを踏まえ（3章と9章で後述），痛みをより理性的に身体との心身相関（図7-2参照）を表現する脳内活動として捉えた場合，emotional を「感情的」と訳すほうがよいと考える（図1-3）。痛みの定義の語感としても「感覚および感情体験」のほうがよいだろう（荻野，2021）。

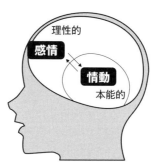

理性的

感情

情動

本能的

図1-3　情動と感情の違い

〔注〕情動は，五感である外的感覚（exteroception）から入る情報により，意思決定
や理性的判断に大きな役割を果たす強い感情であり，自律・内分泌神経反応を伴う
（より本能的）。感情は，情動を知覚するものとされ，認知，状況判断，意思決定，
予測などの高次機能も含む（より理性的）意味合いを持つ。つまり，痛みは情動/
感情的体験のように両方を記すほうがより正確ではあるが，筆者は本文に記した理
由により「感覚および感情体験」と訳した（荻野，2021）。痛みは感情である。

⚡ **1-5** ⚡
心と身体の痛みは脳では同じ──痛みのパラダイムシフト

　Craig ら（Williams & Craig, 2016）の痛みの定義においても，痛みは「感情・認知・社会面を伴った苦悩体験」という部分があったが，「感情・認知・社会面を伴った」とは具体的にはどういうことであろうか。

　痛みは，長らく単なる感覚と考えられていたが，「心と身体の痛みは，実は脳内では同じ」として「心の痛み」の脳活動を世に広く知らしめた金字塔的研究がある。その研究とは，2003年に Eisenberger らがサイエンス誌に掲載した「拒絶は痛いのか？──社会的疎外の fMRI（functional MRI）研究」（Eisenberger et al., 2003）である。この研究では，MRI 装置内において，疎外された孤独感を感じさせる状況下に被験者を置き，仲間外れ，無視，疎外感といった「心の痛み」を被験者に生じさせたときの脳活動を計測したところ，痛み関連脳領域（帯状回）の活動が見られ，「心と身体の痛みは，実は脳内では同じである」ということを示した。この研究成果の衝撃は

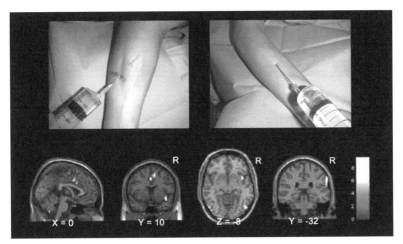

図1-4 痛みを想像したときの脳活動

〔上〕痛みを想起させる画像例。被験者には，こうした画像をMRI装置内で見ても
らって痛みを想像してもらった。

〔下〕身体的な痛み刺激がなくても，まるで身体的な痛みを与えられているかのよう
な痛み関連脳領域（帯状回，島前部，第二次体性感覚野）の活動が観察された。さ
らに，他の感情（恐怖や安静）とも明らかに異なる活動様式を呈した。

〔文献〕Ogino et al.（2007）を著者一部改変。

大きく，それまで痛みの感覚面に注力していた痛覚研究が，一気に感情面へ
と重心が移り，痛みが感覚であると同時に原始的な強い感情であるという**痛
みのパラダイムシフト**（概念転換）が起きたといっても過言ではない。

　2007年には筆者らも痛みの感情面を証明すべく，身体的な痛みはいっさ
い与えずに，痛そうな画像を被験者に見せて，そこから痛みを想像しても
らったときの脳活動を計測した（**図1-4**）。結果は，身体的な痛み刺激がな
くても，痛みを想像した脳活動は痛み関連脳領域の活動が活発化し，さらに
帯状回の活動は他の感情（恐怖）でも検出できたが，島前部や第二次体性感
覚野の活動は，痛みの想像に特異的な脳活動であった。まさに「痛みは感覚
神経活動のみから生じるものではない」（2020年版の痛みの定義）ことを示
した研究となった（Ogino et al., 2007）。

　このように，痛み関連脳領域は，身体的な痛み刺激（侵害受容）のみで活
動するものではなく，社会的な心の痛みはもちろん，多彩な入力ネットワー

クを持っている。例えば，痛みが来そうな「予感」，痛みを連想する言葉・音・画像（Ogino et al., 2007），痛そうな表情，痛かった思い出でも，痛み関連脳領域の活動は見いだされる。このことから，痛み関連脳領域は，社会生活を送る人間にとって重要な感覚情報を検出することにより，自身の生存確率を高めようとする原始的な脳活動ネットワークなのではないか，ともいわれている（Iannetti & Mouraux, 2010）。

⚡1–6⚡
心の痛みは誰でも経験する——no pain, no life

心の痛み——社会的な痛み（social pain）ともいう——に関する研究は，その後も相次いだ。親しき近親者が死去したときの心の痛み（O'Connor et al., 2008），社会的に不当に扱われた場合の心の痛み（Sanfey et al., 2003）でも，痛み関連脳領域の活動が関わっていた。

2009 年には高橋らが，他人の幸せを妬む感情（妬み）も痛み関連脳領域の活動を呈しており，妬みが心の痛みとして感じる脳活動であることを示した（Takahashi et al., 2009）。この研究の特筆すべき点は，妬み（痛み関連脳領域の活動）と，他人の不幸を願う気持ち（報酬系領域の活動）が正の相関を示したことである。脳の報酬系領域の活動は，食物や飲料摂取，性活動などの快楽において観察されてきた脳活動である。他人の不幸を願う気持ちが「快感」というのは何とも皮肉な人間の性^{さが}としかいいようがないが，一方で認めざるを得ない事実でもある。さらには，痛み関連脳領域と報酬系領域の両者が相関関係にあることを示した画期的な研究でもあった。

人生は山あり谷ありであって，人間が生きている限り，親しき人との死別や離別，不当な評価，拒絶といった心の痛みを感じる場面に必ず遭遇する。痛みのない人生など，どの人間にも存在しない——つまり，no pain, no life なのである。かといって心の痛みが一方的に未来永劫と続くわけではない。生きていれば，楽しい恋愛，会話，おいしい食事，正当な評価，うまく機能するチームワーク，心地よい音楽やマッサージによる癒しなど「よかった」と思える喜びや快感に必ず遭遇するであろう（Lieberman & Eisenberger,

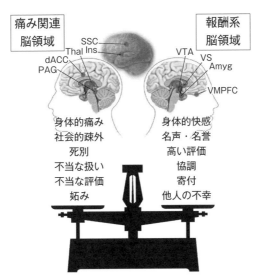

図1-5　心の痛みと癒しの天秤関係

〔注〕人間は社会生活を離れて生きることができない社会的動物であるため，人生においてさまざまな心の痛み（痛み関連脳領域活動）に遭遇する。しかし一方で，報酬系脳領域の活動は，人間に喜びと快を与え，生きる活力となる。両者とも「過ぎたるは及ばざるがごとし」であって，どちらかに偏れば健康のバランスを崩すことになる。それゆえ，人間は両者のバランスをとりながら生きていかなければならない。

〔略語等〕SSC：第二次体性感覚野，Ins：島，dACC：背側前帯状回，PAG：中脳水道周囲灰白質，Thal：視床，VTA：腹側被蓋野，VS：腹側線条体，Amyg：扁桃体，VMPFC：腹内側前頭前野。

〔文献〕Lieberman & Eisenberger（2009）を著者一部改変。

2009）。こうした痛み（痛み関連脳領域）と癒し（報酬系脳領域）が相関関係にあるということは，まさに「禍福はあざなえる縄のごとし」であり，お互い一方に偏らないよう，まるで天秤のようにバランスをとりながら人間は生きている（図1-5）。

　このような心の痛みと癒しのバランス関係をいったん崩してしまうと，例えば，痛みがあまりにも強く長引けば，不安神経症やうつ病，あるいは報酬系を過剰に刺激して感受性を鈍らせていく。そして依存症のような治りにくい性質を持った，脳機能の変調をもとにした病態に陥ることとなる。この両

者の脳内活動（痛み関連脳領域と報酬系領域）のバランス関係（図1-5）は，人間の精神的バランスを考えるうえで役に立つ科学的知識となろう（1-7節参照）。

「痛みは苦悩的な感覚および感情体験である」と定義でき（荻野，2021），必ずしも組織損傷の有無を問わない。怪我（組織損傷）の有無にかかわらず，人間は痛みを想起したり，実際に感じたりすることができると同時に，痛みによって不安や怒り，恐れを感じ，行動を制限したり逃避行動を起こしたりするなど，認知・行動と生活様式（ライフスタイル）に影響を及ぼす。さらに，人間の文化や宗旨，体調，ライフスタイルの違いによっても痛みの感じ方（痛みの認知）は千差万別であり，個人差はもちろん，同一個人でも（例えば朝や夜などで）異なってくる。痛みは単なる感覚ではなく，個人的で主観的な感情体験である。このように，痛みを主観的な感情体験として理解することにより，人間の環境や行動，ライフスタイルを意図的に操作し，痛みを制御することもできる。痛みとは何かを自然科学的に理解すれば，治療はもちろん，現代における人間の生活をより豊かにすることができる。人間がどのような科学的知識を武器として，生涯にわたって痛みと付き合いながら生きていくにはどうすればよいのか，その具体的な方法については9章において解説する。

⚡ 1-7 ⚡
痛みと癒しの天秤関係（アメとムチの関係）

1-6節において痛み（痛み関連脳領域）と癒し（報酬系脳領域）が，天秤のようにバランスをとっているのではないかということを示した（図1-5）。実際にこの天秤関係を証明するため，筆者らは，人間を対象として，痛み（ムチ）を与えるときに飴（アメ）を与えて脳活動の撮影をしたところ，甘い飴は報酬系を活性化させ（図1-6），痛みと痛み関連脳領域の活動の低下を見いだした（Kakeda et al., 2010）。

その機序（メカニズム）としては，甘味摂取による報酬系領域のドーパミン性，オピオイド性の活動から脳幹における下行性抑制系の活動につながり

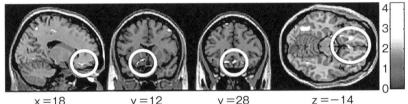

| | | | |4
3
2
1
0

x＝18　　　　　y＝12　　　　　y＝28　　　　　z＝−14

図1-6　甘味を摂取したときの脳報酬系活動【口絵参照】

〔注〕筆者らは文字どおり，人間にアメ（飴）を与えたすぐ後にムチ（痛み刺激）を
　　被験者の前腕に，機能的MRI（fMRI）測定しながら与えたところ，痛み刺激に誘
　　発される痛み関連脳領域の活動は小さく抑えられ，代わりに本図のような報酬系活
　　動が見られた。このことは，痛みと癒し（痛み関連脳領域と報酬系領域）が脳内で
　　天秤（バランス）関係（図1-5）にあることを示している。同様に，脱水状態にあ
　　る人間に水を与えたときにも，報酬系領域活動が増し，痛み関連脳領域の活動が減
　　少した。

〔文献〕Kakeda et al.（2010）

「痛み」の修飾を生じていると想定される（痛みの修飾については３章を参
照）。味覚のうち，鎮痛作用があるのは甘味のみであるようだが，心地よい
香り（嗅覚刺激）でも，気持ちの上向き変化とともに，鎮痛作用が示されて
いる（６章を参照）。同様に，脱水状態のような生命に危険をもたらすよう
な状態では，痛みに敏感になるが（痛覚過敏），補水してやると報酬系活動
がやはり観察され，計算能力などの認知処理能力の向上も認められた（Ogino
et al., 2014）。

　このように，人間の脳の痛み系（痛み関連脳領域）と癒し系（報酬系領
域）には天秤のようなバランス関係が認められると考えられる（図1-5）。
このバランス関係は，両者とも脳における感情活動であるがゆえに移ろいや
すく，時には崩壊することがあり，バランス崩壊が長年にわたって続いた状
態が慢性痛状態である。痛み関連脳領域の活動が優位になった脳は，慢性痛
患者特有の過覚醒状態（hypervigilance）や痛みの破滅的思考（pain
catastrophizing），不安・うつ症状として表出する（図5-5，9-2節を参照）。

⚡ 1-8 ⚡
痛みは症状か，疾患か

　1-1 節で述べたように，歴史的に，痛みは何らかの疾患や外傷の警告サインを伝える単なる感覚伝達や反射，つまり「症状（symptom）」として捉えられてきた時代が長かった。しかし脳科学が発達した現代社会においては，痛みは感情であり，心理・社会的な健康に対する悪影響が大きいことが判明してきたことで，痛みを単なる警告サインという役割にとどめるのではなく，健康を害する病態そのものである――つまり，「疾患（disease）」として捉えたうえで治療しよう，という風潮になってきた。

　こうした痛みのパラダイムシフトを反映し，2018 年に世界保健機構（World Health Organization; WHO）は，国際疾病分類第 11 版（International Classification of Diseases, 11th revision; ICD-11）において，「3 カ月以上持続再発する痛み」を「慢性痛」という疾患に組み入れた（https://icd.who.int）。慢性痛を疾病として組み入れることにより，その病態は一次性（痛み自体が病態となるもの）と二次性（神経障害，手術後やがん性疼痛などの器質的なもの）と大別された後に多岐にわたることとなり，慢性痛は世界中で 5 人に 1 人（20％）が罹患していることとなる一大疾病群となった（ICD-11）。

⚡ 1-9 ⚡
脳から生じる痛み（痛覚変調性疼痛）

　こうして単なる症状から「疾病」となった慢性痛（3 カ月以上持続再発する痛み）にしろ，単に「痛み」にしろ，その原因として従来から以下の 3 つの要因が想定されていた（図 1-7）。
- 侵害受容性疼痛
- 神経障害性疼痛
- 心因性疼痛

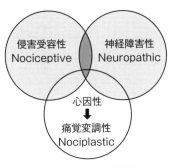

図 1-7 痛みの 3 要因

〔**注**〕炎症や神経損傷といった器質的原因の明白な侵害受容性と神経障害性（上の 2
つの円）とは対照的に，検査をしても器質的原因のはっきりしない痛みの原因とし
て，従来は「心因性」として"診断"していた（下の円）。しかし，器質的原因の
はっきりしない「心因性」痛みの真相は，痛みの感受性や認知の変化など，脳機能
の変調によるものだと明らかになってきたため，語弊の多かった「心因性」は「痛
覚変調性」疼痛へと改称された（日本痛み関連学会連合，2021）。ちなみに，痛覚
研究者は何十年と本図の 3 つの円を用いた概念図により教育を受けてきたが，近
年，痛みの要因は 3 つに大別するのではなく，病態スペクトラム（分光）として虹
のようなグラデーション（連続階調）として，曖昧な境界を持ちながら連続してい
るものとして示すのが正しい，とされている（図 7-1 参照）。

　侵害受容性疼痛（nociceptive pain）は末梢神経の侵害受容器の炎症や外
傷により生じる痛みで，神経障害性疼痛（neuropathic pain）は神経系の障
害と変性により生じる痛みで，両者ともに器質的原因が明白である（検査や
画像により原因を示すことができる）。

　一方，そうした炎症や外傷，侵害，神経変性といった器質的原因がはっき
りせず，いくら検査をしても何も所見が出てこないのにもかかわらず，延々
と痛みを訴える患者が相当数いる。従来，このような患者の痛みについて
は，「身体の痛みではないので，心の痛みである」という心身二元論（17 世
紀の哲学者デカルト）の考え方を背景として，「心因性」と"診断"してき
た。この「心因性」という"診断"は，医療者から一方的に患者側に与えた
便宜的な"診断"名であって，さらには病態に迫って説明するに足るもので
もなかったため，語弊と患者側からの反発を招き，臨床現場では混乱を来し
ていた。

しかし，ここ数十年で急速に進展した脳科学と基礎研究の蓄積により，心の痛みと痛み関連脳領域が発見され，「痛み」のパラダイムシフトが生じ，痛みの定義も改訂された。さらに従来「心因性」と“診断”してきた疾患群とは，脳の痛みに対する感受性と認知の変調により痛みが生じていることが示唆されるに至った。

　そうした環境から，国際疼痛学会は「心因性疼痛（psychogenic pain）」の呼称を nociplastic pain──noci（侵害）＋plastic（可塑，形をつくることができる，影響されやすい）の造語──と命名した（Kosek et al., 2016）。この nociplastic pain に対する日本語訳は，中枢神経障害性疼痛，認知性疼痛，非器質的疼痛など一定しなかったが，**2021 年 9 月に「痛覚変調性疼痛」に定まった**（図 1-7）。

　こうした痛覚変調性疼痛を原因とする疾患群は，先の WHO の ICD-11 では一次性（痛み自体が病態となるもの）に分類され，線維筋痛症，緊張性頭痛，身体症状症および関連疾患などが含まれる。しかし，器質的原因が明らかな二次性疼痛疾患（例えば，ありふれた腰痛）だとしても，それが長引くと，痛覚変調性疼痛が痛みの要因として重なってくることもあり，しばしば複雑な，そして多様な病態を表すこととなる（図 1-7 の円で描いた痛みの要因が重なり合った部分）。痛覚変調性疼痛が原因の疾患は，明らかな器質的原因が見つからないこともあり，原因不明の痛みとしてさまざまな医療機関をさまようこともある。

まとめ

- キーワード
    痛み（pain）
    感情（emotion）
    痛覚変調性疼痛（nociplastic pain）
- 痛みは喜怒哀楽に並ぶ感情である（喜怒哀楽＋痛）。
- 痛みに関連する脳活動領域を痛み関連脳領域（ペインマトリクス）と呼

ぶ。

- 痛み関連脳領域は，痛みの感情面，心の痛み（社会的痛み），さらには生存に関わる情報検知と関連する。
- 痛み関連脳領域活動と報酬系活動は天秤のようなバランス関係にある。
- 痛みは感情であるがゆえに，バランスを崩して変調を来たしやすい。
- 脳機能の変調により来す痛みがあり，「痛覚変調性疼痛」と呼ぶ。

✦ 引用文献 ✦

Eisenberger, N. I., Lieberman, M. D., & Williams, K. D. (2003). Does rejection hurt? An fMRI study of social exclusion. *Science, 302*, 290–292.

Iannetti, G. D., & Mouraux, A. (2010). From the neuromatrix to the pain matrix (and back). *Experimental Brain Research, 205*, 1–12.

Kakeda, T., Ogino, Y., Moriya, F., & Saito, S. (2010). Sweet taste-induced analgesia: An fMRI study. *Neuroreport, 21*, 427–431.

Kosek, E., Cohen, M., Baron, R., Gebhart, G. F., Mico, J. A., Rice, A., … Sluka, A. K. (2016). Do we need a third mechanistic descriptor for chronic pain states? *Pain, 157*, 1382–1386.

Lieberman, M. D., & Eisenberger, N. I. (2009). Neuroscience. Pains and pleasures of social life. *Science, 323*, 890–891.

日本痛み関連学会連合 (2021). Nociplastic pain の日本語訳について. https://upra-jpn.org/archives/432（2022 年 10 月 7 日閲覧）

O'Connor, M. F., Wellisch, D. K., Stanton, A. L., Eisenberger, N. I., Irwin, M. R., & Lieberman, M. D. (2008). Craving love? Enduring grief activates brain's reward center. *NeuroImage, 42*, 969–972.

荻野祐一 (2021). 第 26 回日本口腔顔面痛学会学術大会教育セミナー 1 講演「痛みはどこで感じるか——痛みのパラダイムシフト」 http://www.assiste-j.net/ofp2021/（2022 年 10 月 7 日閲覧）

Ogino, Y., Kakeda, T., Nakamura, K., & Saito, S. (2014). Dehydration enhances pain-evoked activation in the human brain compared with rehydration. *Anesthesia and Analgesia, 118*, 1317–1325.

Ogino, Y., Nemoto, H., & Goto, F. (2005). Somatotopy in human primary somatosensory cortex in pain system. *Anesthesiology, 103*, 821–827.

Ogino, Y., Nemoto, H., Inui, K., Saito, S., Kakigi, R., & Goto, F. (2007). Inner experience of pain: Imagination of pain while viewing images showing painful events forms subjective pain representation in human brain. *Cerebral Cortex, 17*, 1139–1146.

Raja, S. N., Carr, D. B., Cohen, M., Finnerup, N. B., Flor, H., Gibson, S., … Vader, K. (2020).

The revised International Association for the Study of Pain definition of pain: Concepts, challenges, and compromises. *Pain, 161*, 1976–1982.

Sanfey, A. G., Rilling, J. K., Aronson, J. A., Nystrom, L. E., & Cohen, J. D. (2003). The neural basis of economic decision-making in the Ultimatum Game. *Science, 300*, 1755–1758.

Takahashi, H., Kato, M., Matsuura, M., Mobbs, D., Suhara, T., & Okubo, Y. (2009). When your gain is my pain and your pain is my gain: Neural correlates of envy and schadenfreude. *Science, 323*, 937–939.

Williams, A., & Craig, K. D. (2016). Updating the definition of pain. *Pain, 157*, 2420–2423.

2章

痛みという内的体験

文脈依存性と脳活動

小山 哲男

⚡ 2-1 ⚡
はじめに

　主観的体験は，刺激の物理的特性が同じであっても，周囲の状況により大きく異なる。その一例として「カニッツァの錯視」を図2-1に示す。この図は部分ごとに注目すると「パックマン」と「不等号」に見て取れる。しかし一度に全体を見ると，手前に明るい正三角形が，その背景に逆三角形が見て取れる。このように主観的体験は刺激の物理的特性の上に「フィルター」をかけて形成される。**痛みもまた主観的体験であり，それは周囲の状況による文脈のフィルターを通して形成される。**痛みはかつて末梢の侵害刺激で惹起される比較的単純な感覚と思われていた。しかし近年，痛みは文脈に応じ

図2-1　カニッツァの錯視

〔注〕これを見る人間には，一番手前に明るい正三角形，その背景に，手前よりやや暗い逆三角形が主観的に捉えられる。

て形づくられる主観的体験であることがさまざまな研究から解明されつつある。本章では、筆者らが機能的脳画像、心理物理および電気生理の研究手法を用いて得た知見を紹介する。

⚡ 2–2 ⚡
「思い込み」による痛み体験の変化

　人間の痛みの脳内活動の解明には、機能的脳画像（functional magnetic resonance imaging; fMRI）などが用いられ（Neugebauer et al., 2009）、人間の痛みの主観量評価には、Visual Analogue Scale（VAS）が用いられてきた（Price et al., 1983）。fMRI は核磁気共鳴装置により、血中ヘモグロビンの酸化状態を検出し、脳活動の起こっている部位を同定する手法である。VAS は長さ 10 cm の黒い線を被験者に見せて、痛みがどの程度かを指し示す視覚的なスケールである。痛みの程度の指標として、左端に「痛みなし」、右端に「想像できる最大の痛み」との記載がなされている。これらを組み合わせると、痛みの主観に関する脳活動の探求が可能となる。筆者らは、これらの組み合わせで「思い込み」による主観的痛み体験の変化と、それに関連する脳活動を同定する研究を行った（Koyama et al., 2005）。

a. 実験手順

　健常被験者 10 人を用いた実験を行った。痛み刺激としてコンピューター制御の装置による熱刺激を用いた。この装置は 1.6 cm 四方の接触面より熱刺激を与えるもので、被験者の右下腿に熱刺激が当てられた。この実験では 1 回の fMRI スキャン撮像中に 1 回の熱刺激のみを呈示するデザインを用いた（Koyama et al., 2003）。それぞれの試行で、熱刺激に先立って 2 回の信号音が呈示された。信号音の間隔は、7.5 秒、15 秒、30 秒であった。これに引き続き 30 秒間の熱刺激が与えられた。その温度は 46℃、48℃、50℃であった。信号音の間隔が長いほど、高い温度の熱刺激を組み合わせた（7.5 秒と 46℃、15 秒と 48℃、30 秒と 50℃の組み合わせ）。

　それぞれの被験者で、fMRI を取得する本実験に先立って訓練を行った。

上述した3種類（信号音間隔と刺激温度：7.5秒と46℃，15秒と48℃，30秒と50℃）のタスクを1ブロック単位として，偽ランダム化した合計30回の試行（10ブロック）を行った。この訓練で被験者は，信号音間隔が長いほど大きな痛み体験となることを学習した。毎回の試行の直後，2回目の信号音の後に予期した痛みの強度，そして実際に体験した痛みの強度をVASによって評定した（Price et al., 1983）。これは痛みがない場合のVASを0，想像し得る最大の痛みのVASを10とするものである。

　訓練から1〜2日後に本実験（fMRI撮像）を行った。本実験では，痛み刺激に対する「思い込み」を操作する目的で，全体の3割の試行で信号音の間隔（15秒と30秒）と刺激温度（48℃と50℃）の組み合わせを入れ替えた。この操作により，48℃と予期しているところに実際には50℃の熱刺激が，50℃と予期しているところに実際には48℃の熱刺激が与えられた。毎回の試行の後，信号音により予期した痛みの強度と，実際に体験した痛みの強度をVASで評定した。このように刺激に対する「思い込み」を操作し，それに応じて変化する主観的な痛み体験と脳活動を観察した。

b. 痛みの予期と痛み体験に関わる脳活動

　痛みの予期に関わる脳活動，および痛み体験そのものに関わる脳活動を明らかにするため，被験者10人のグループでfMRI解析を行った。この解析には温度と刺激の関係を入れ替えていないブロックの脳画像データを比較対照（control）として用いた。その解析の結果を図2-2に示す。痛みの体験そのもので活動を示した脳領域は，第一次および第二次体性感覚野，背側外側前頭前野，島，前帯状回，淡蒼球/被殻，下頭頂小葉，補足運動野，小脳などの領域であり，それらは過去の研究とよく合致した（Neugebauer et al., 2009; Peyron et al., 2000）。一方，痛みの予期に応じて活動を示した領域は，第二次体性感覚野，背側外側前頭前野，島，前帯状回，淡蒼球/被殻，下頭頂小葉，補足運動野，小脳などで，痛み体験そのもので活動した領域とほぼ同じであった。このことは「予期は実体験と同じ神経ネットワークに依存する」とした19世紀の心理学者William Jamesの仮説（James, 1890）を支持するものであった。

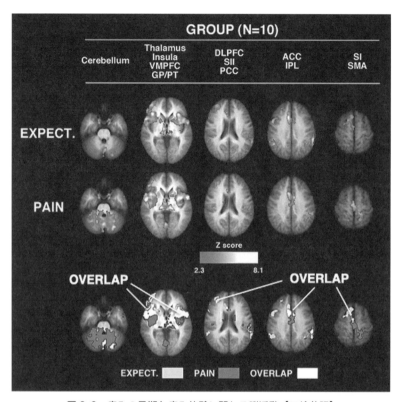

図2-2　痛みの予期と痛み体験に関わる脳活動【口絵参照】

〔注〕痛みを予期すること（EXPECT.：上段）および実際に痛みを体験すること
（PAIN：中段）による脳活動を示してある。下段には，痛みの予期（EXPECT.）
活動（上段）と痛み体験（PAIN）活動（中段）の双方に共通する活動
（OVERLAP）を示してある。

〔略語等〕ACC：前帯状回，Cerebellum：小脳，DLPFC：背側外側前頭前野，GP/
PT：淡蒼球/被殻，Insula：島，IPL：下頭頂小葉，PCC：後帯状回，SMA：補足
運動野，SI：第一次性感覚野，SII：第二次性感覚野，Thalamus：視床，
VMPFC：腹側内側前頭前野，N＝10：被験者10名。

〔文献〕Koyama et al.（2005）

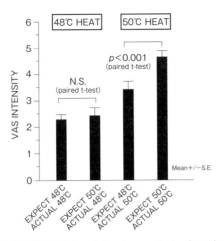

図 2-3　痛み体験の Visual Analogue Scale（VAS）データ

〔注〕左は 48℃の刺激温度，右は 50℃の刺激温度への反応。EXPECT 48℃とは，2
　　　つの音信号の間隔が 15 秒の場合，EXPECT 50℃とは，2 つの音信号の間隔が 30
　　　秒の場合（本文参照）。ACTUAL 48℃とは，与えられる温熱刺激が 48℃の場合，
　　　ACTUAL 50℃とは，与えられる温熱刺激が 50℃の場合。

〔文献〕Koyama et al.（2005）

c.「思い込み」による痛み体験の変化

　上述した「思い込み」の操作として，全試行の 3 割で信号音の間隔（15
秒と 30 秒）と刺激温度（48℃と 50℃）の組み合わせを入れ替えた。この操
作による VAS の変化を図 2-3 に示す。50℃の熱刺激が通常どおりに 30 秒
の信号音間隔の後に与えられた場合，平均 VAS は 4.60 であった。これに対
して 50℃の熱刺激を，15 秒間の信号音間隔で 48℃と思い込ませた操作の場
合，平均 VAS は 3.42 であった。この差異は統計的に有意であり，かつその
低下の程度は約 26% と大きなものであった。**さらに重要なことは，被験者
全員が一貫して VAS の低下を示したことである。**一方，48℃の熱刺激を通
常どおりに 15 秒の信号音間隔の後に与えた場合，平均 VAS は 2.27 であっ
たのに対して，信号音間隔を 30 秒として 50℃の熱刺激と思い込ませた試行
の平均 VAS は 2.43 であった。VAS は増大する傾向にあったが，その差異
は統計的に有意ではなかった。

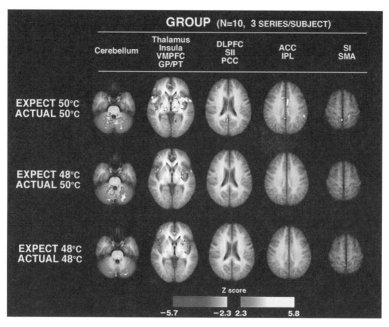

図2-4 痛み体験に応じる脳活動【口絵参照】

〔略語等〕図2-2 および図2-3 に同じ。

〔文献〕Koyama et al.（2005）

d. 痛み体験と脳活動の変化

　痛み体験に伴う脳活動を図2-4 に示す。それぞれの条件での 10 人のグループ解析の結果である。図2-3 の VAS データの棒グラフに示されたとおり，物理的に同一の 50℃の熱刺激であっても，それを 48℃と思い込んでいた場合，実際に体験する痛みは小さくなった。これに応じて痛みに伴う脳活動も相対的に小さくなっていた。簡潔化のため，図2-4 では VAS データで統計的に有意な差を見いだせなかった操作（48℃の熱刺激を 50℃と思い込ませた場合）の脳画像データは割愛してある。

　次に，50℃の熱刺激に反応した脳画像データについて，50℃の予期信号を与えた場合（信号音間隔 30 秒，図2-4 上段）と 48℃の予期信号を与えた場合（信号音間隔 15 秒，図2-4 中段）を直接比較した（図2-5）。第一次お

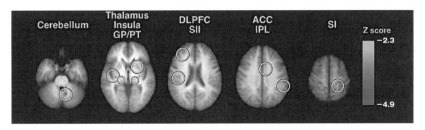

図 2-5　50℃熱刺激に反応する脳画像（図 2-4 の上段と中段）の直接比較の結果
　　　【口絵参照】
〔注〕EXPECT 48℃は，EXPECT 50℃に比較して，図に示された領域で活動が減少
　　している。
〔略語等〕図 2-2 に同じ。
〔文献〕Koyama et al.（2005）

よび第二次体性感覚野，背側外側前頭前野，島，前帯状回，淡蒼球/被殻，
下頭頂小葉，小脳などの領域において，統計的に有意な脳活動の低下が見ら
れた。この実験結果より，痛みを予期することと実際の痛み体験は共通の神
経基盤を持つこと，さらに「思い込み」により脳活動が変化すること，それ
に応じて実際の痛み体験が変化することが明らかとなった。

⚡ 2-3 ⚡
オフセット鎮痛

　米国の Coghill らは，VAS を時間的に連続して記録することにより，刺激
強度と痛みの主観量についての心理物理学研究を行ってきた（Koyama et
al., 2004）。一連の研究で，侵害域の熱刺激の微小な軽減（1℃）が，それに
不釣り合いなほどの主観的痛み体験の軽減をもたらすことが分かってきた。
この現象は「オフセット（offset）鎮痛」と称されている（Grill & Coghill,
2002; Yelle et al., 2009; Yelle et al., 2008）。「オフセット」は"埋め合わせ
る"という意味だが，この場合は"壁面に段をつくる"といった意味で，
VAS が本来の刺激強度よりも不釣り合いに下がって段を形成している（オ
フセットされた）グラフのありようから名づけている（図 2-6～2-8 を参
照）。

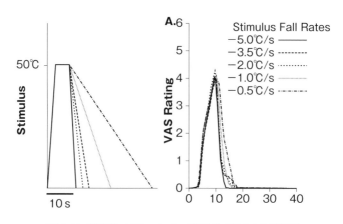

図 2-6　熱刺激（Stimulus）の温度と VAS の経時変化
〔文献〕Yelle et al.（2008）

a. 熱刺激と主観的な痛み体験の経時変化

　古典的には侵害域の熱刺激強度と，それに応じる痛みの主観量はおおむね比例するものと考えられてきた。ところが Coghill らの研究で，熱侵害刺激と痛みの主観量 VAS の経時変化はずいぶん異なるものであることが分かってきた。その知見の一例を図 2-6 に示す（Yelle et al., 2008）。実験に用いた装置は毎秒最大 5℃ の割合で刺激温度を操作することができる。この装置を用いて，刺激温度をベースライン 35℃ から毎秒 5℃ で上昇させ，50℃ に達したところで 5 秒間温度を保持し，その後に温度を下降させる実験を行った。温度下降の割合を毎秒 0.5℃，1.0℃，2.0℃，3.5℃，5.0℃ の 5 つの条件としたところ，痛み VAS の経時変化は熱刺激の下降スピードにかかわらずほぼ同様の下降パターンを示した。図 2-7 に，毎秒 0.5℃ で下降させた場合と，毎秒 5.0℃ で下降させた場合の刺激温度および VAS の経時変化を示す。毎秒 0.5℃ で刺激温度を下降させる条件（図 2-7 の左グラフ）では，3 秒後には 48.5℃ であり，この温度はまだ侵害域であって通常なら痛みを誘発するはずである（Koyama et al., 2004）。しかし，ここで観察された VAS の経時変化は，毎秒 5.0℃ で温度下降させた場合の 3 秒後，つまり 35℃ のベースラ

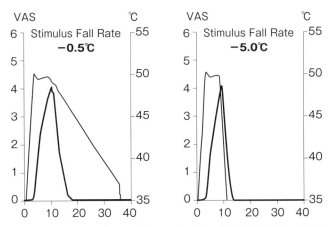

図 2-7　刺激温度を毎秒 0.5℃および 5.0℃で低下させた場合の VAS
〔注〕毎秒 5.0℃で温度を下降させた場合の 2 秒後は 39℃で，非侵害域温度である。
　　　毎秒 0.5℃で低下させる場合の 2 秒後は 49℃で侵害域温度である。両者で VAS の
　　　経時変化は同様である。
〔文献〕Yelle et al.（2008）

インに戻した場合（図 2-7 の右グラフ）とほぼ同様であった。この知見は，主観的な痛み体験は，刺激強度よりも，むしろ刺激が終わるという「文脈」に大きく依存することを示すものであった。

b. 温度条件による「オフセット鎮痛」の検証

　上述の「オフセット鎮痛」をさらに確かめるため，Coghill らはさらに刺激温度を次の 3 つの条件で操作する実験研究を行った（Yelle et al., 2008）。この実験では毎秒 6℃の割合で刺激温度の操作がなされた。

- ベースライン 35℃から 49℃に刺激温度を上昇させて 5 秒間温度を保持，その後 50℃に上昇させ 5 秒間保持し，次に温度を 49℃に低下させて 20 秒間保った後，ベースライン 35℃に戻す（49–50–49℃条件）。
- ベースライン 35℃から 49℃に刺激温度を上昇させ，刺激温度は 49℃で一定として上記と同じ時間保持した後，ベースライン 35℃に温度を戻す（49–49–49℃条件）。
- ベースライン 35℃から 49℃に刺激温度を上昇させ，5 秒間温度を保持

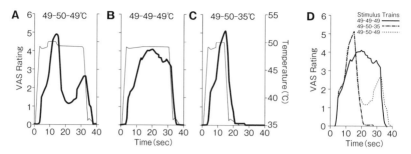

図2-8　条件の違いによる刺激温度と VAS の経時変化

〔注〕A：49–50–49℃ 条件。B：49–49–49℃ 条件。C：49–50–35℃ 条件。D：3つの条件の VAS 経時変化を重ねて示したもの。

〔文献〕Yelle et al.（2008）

し，その後 50℃ に上昇させて 5 秒後保持，そのすぐ後にベースライン 35℃ に戻す（49–50–35℃ 条件）。

図 2-8 に上述した 3 つの操作に応じた VAS の経時変化を示す（Yelle et al., 2008）。49–50–49℃ 条件（図 2-8 の A）では，1℃ の温度下降により大幅な VAS の低下が誘発された。その低下の様子は，49–50–35℃ 条件（図 2-8 の C）の終局に 35℃ まで温度を下げる場合とほぼ同じであった（図 2-8 の D：細かい点線と粗い点線で示す 2 本の VAS 線がほぼ重なっている）。49–50–49℃ 条件（図 2-8 の A）と 49–49–49℃ 条件（図 2-8 の B）を比較すると，物理的には同一である 49℃ 刺激に対する VAS の反応の違いが分かる。50℃ から 49℃ への 1℃ の下降の後，49℃ の刺激に対して約 8 秒間程度，「オフセット鎮痛」が起こっていた（図 2-8 の A）。

c.「オフセット鎮痛」の脳内メカニズム

上述の「オフセット鎮痛」の脳内メカニズムの解明のための fMRI 研究が行われた。図 2-9 は前述の 49–50–49℃ 条件の施行中にオフセット鎮痛が起こっているときの fMRI データ，とりわけ脳幹部，中脳水道周囲灰白質（periaqueductal grey: PAG）の反応である。この fMRI 解析の知見により，「オフセット鎮痛」には中脳水道周囲灰白質の下行性抑制系が関与することが考察されている（Yelle et al., 2009）。

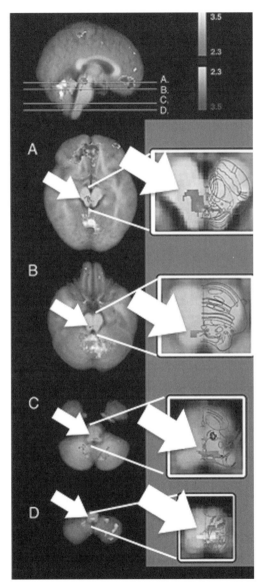

図 2-9　脳幹部に見られた「オフセット鎮痛」に関連する活動【口絵参照】
〔注〕中脳水道周囲灰白質（図内の白矢印）に活発な活動が見られる。
〔文献〕Yelle et al.（2009）

⚡ 2-4 ⚡
前帯状回侵害受容ニューロンの文脈依存性

数世紀にわたる脳病変症例の蓄積より，感覚や認知に特定の脳領域が関わることが明らかとなってきたが，人間に対して脳に直接電極を差し込むような侵襲的研究を行い，それを確かめることは困難である。

高次脳機能研究の手法の１つに，人間と類似する脳を持つサルに行動心理学的な課題（タスク）を行わせ，微小電極を用いて侵襲的にニューロン活動を記録する手法がある（Kubota & Niki, 1971）。この手法は，行動から推定される認知的過程にニューロン活動を符合させることにより，脳の機能を探求するものである。筆者らは，サルに痛みの予期に関する行動タスクを行わせ，前帯状回（**図 1-1** と**図 1-2** を参照）のニューロン活動を記録する実験研究を行った（Koyama et al., 1998）。

a. 実験タスク

図 2-10 に示す実験装置の中で，サルは行動タスクを行う。サルは眼前のスクリーンに投影される視覚的な予期信号に応じて，右前肢でレバーを操作してタスクを遂行する。

図 2-11 に行動タスクを示す。サルがレバーを押すことにより毎回の試行が始まる。その後，予期信号としてスクリーン背景に赤色または緑色が呈示される。**赤色に続いては電気的な痛み刺激が，緑色に続いては報酬が与えられる。**赤色呈示の途中にレバーを放せば，サルは痛み刺激を回避することができる（痛み回避試行：pain-avoidance trial）。緑色呈示の後にレバーを放せば，サルは報酬を得ることができる（報酬試行：reward trial）。これら痛み回避試行と報酬試行はランダムに１：１の割合で呈示される。訓練の後，サルはほとんどの試行で電気的な痛み刺激を回避すること，報酬を得ることができた。

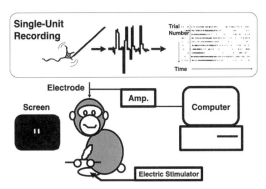

図 2-10　実験装置の概略図

〔注〕サルは眼前のスクリーン（Screen）に呈示される視覚刺激に対してレバースイッチで応答する。脳に刺入された微小電極（Electrode）は最も近くのニューロン活動電位を捉える（単一ユニット記録：Single-Unit Recording）。その電位は増幅（Amp.）を経て，スパイク発射のタイミングが抽出されて記録用コンピューター（Computer）に蓄積される。ラスターグラムは向かって左から右に試行ごとの時間経過（Time）を，上から下へ試行回数（Trial Number）を示す。ドット 1 つはスパイク発射の単発を示す。

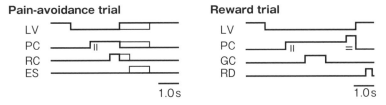

図 2-11　行動タスクの痛み回避試行と報酬試行

〔注〕痛み回避試行（Pain-avoidance trial）と報酬試行（Reward trial）は 1：1 の比率でランダムに呈示される。サルがレバーを押すことによりタスク開始となる。サルがレバーを押し続けると 0.5～1.5 秒後にスクリーン背景が赤色もしくは緑色となる。赤色の場合，サルがそのままレバーを押し続けると 1.0 秒後に左後肢に電気的な痛み刺激が呈示される。赤色呈示の途中にレバーを放せば（細い線で表示），サルは電気刺激を回避することができる（痛み回避試行）。緑色の場合，サルがそのままレバーを押し続けると 1.0 秒後にスクリーン背景が黒色に戻り，その後 0.5～1.5 秒後に注視点の方向が変化する。その直後 0.5 秒以内にサルがレバーを放せばサルは報酬を得ることができる（報酬試行）。同様の行動タスクで痛み刺激を与えない場合には，回避行動は消去された。

〔略語等〕LV：レバー操作，PC：注視点，RC：赤色信号，ES：電気的な痛み刺激，GC：緑色信号，RD：報酬。

〔文献〕Koyama et al.（1998）を著者一部改変。

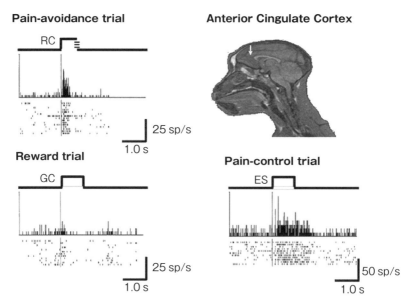

図 2-12　サルの前帯状回より記録されたニューロン活動（単一ユニット記録）の一例

〔注〕ラスターグラム表記法は図 2-10 を参照。ヒストグラムは単位時間あたりのスパイク発射頻度を示す。右上図のサル脳矢状面の矢頭が前帯状回（Anterior Cingulate Cortex）。左上図が痛み回避試行（Pain-avoidance trial），左下図が報酬試行（Reward trial），右下図が痛み刺激（Pain-control trial）に対するニューロン活動。このニューロンは非侵害域の弱い電気刺激に対しては活動を示さなかった。

〔文献〕Koyama et al.（1998）を著者一部改変。

b．サル前帯状回のニューロン活動

　行動タスクの遂行中，サルの前帯状回に微小電極を刺入して単一ユニット記録を行った。図 2-10 に単一ユニット記録の例を示す。単一ユニット記録とは，微小電極の先端に最も近い 1 つのニューロンのスパイク発射を記録しているものと考えられている（ニューロン活動）。前帯状回は痛み，とりわけその不快感などの情動的要素（情動と感情の違いは図 1-3 参照）に関わるとされている（Rainville et al., 1997）。図 2-12 は，前帯状回において記録されたニューロン活動の一例である。このニューロンは，痛みの予期信号である赤色の呈示に一致して活発な活動を示した（図 2-12 の左上の痛み回

避試行）。その一方，報酬の予期信号である緑色の呈示ではほとんど活動を示さなかった（図2-12の左下の報酬試行）。この反応は繰り返す試行で一貫していた。この行動タスクでは，サルは痛み刺激の回避，報酬を得るときの双方でレバーを操作していたため，このニューロン活動は単純なレバー操作に関連するものではない。ニューロン活動の記録を継続するなか，このニューロンの侵害受容特性を調べた。そこではスクリーンを消して予期信号を与えなかった。この状況でサルは電気的な痛み刺激を回避することができない。痛み刺激を受けたとき，このニューロンは活発な活動を示した（図2-12の右下の痛み刺激試行）。ここで注意すべきことは痛み回避試行では痛みを予期して回避しているので，実際の痛み刺激は受けていないこと，痛み刺激試行では実際に痛み刺激を受けていることである。**これらの観察より，この前帯状回ニューロンは痛みの予期と痛みの受容を統合する機能を持つ可能性**が示唆された。

c. サル前帯状回侵害受容ニューロンの文脈依存性

　このニューロンについて，さらなる対照実験を行った。通常の行動タスク（original conditioning）の途中で，色と痛み刺激・報酬の組み合わせを逆転した行動タスク（reversal conditioning）を導入し，再びもとの行動タスク（original conditioning）に戻して実験試行を続けるものである。これにより緑色の予期するものは，報酬→痛み刺激→報酬と変化する。図2-13はこの対照実験中の緑色試行に対するニューロン活動である。物理的には同一の緑色の刺激に対して，痛み刺激を予期するタスクの間のみ，このニューロンは活動を示した。つまりこのニューロン活動は，緑色そのものの刺激ではなく，痛みの予期という意味，つまり文脈に一致していたことを示している。図2-13で逆転（reversal conditioning）の初回の試行からニューロン活動が起こっている。これはサルが前もって逆転試行を訓練されていること，実験装置の都合で逆転時にいったんタスクが止まることによると考えられた。再逆転の後，4回目の試行でサルが再び緑色信号で報酬を得ている。その後，サルは緑色試行で報酬を得ることを再学習する。これに一致して，このニューロンはもとの活動レベルに戻っている。この対照実験により，この

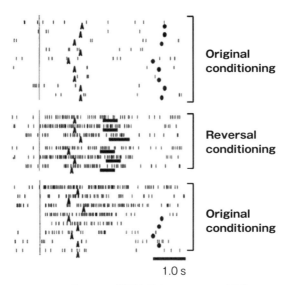

図 2-13　対照実験中のニューロン活動

〔注〕図 2-12 と同じニューロンである。もとの実験タスク（Original condition-
ing），色と痛み刺激・報酬の逆転タスク（Reversal conditioning），さらもとの実験
タスク（Original conditioning）の対照実験試行を行った（緑試行のみ表示）。
ニューロン活動は色ではなく，痛みの予期に一致した。矢頭（▲）はレバー押し
を，太線（━）は電気的な痛み刺激を，黒丸（●）は報酬を示す。

〔文献〕Koyama et al.（1998）を著者一部改変。

ニューロンは痛みの予期と侵害受容を統合する機能を持つことが確かめられ
た。

d. 人間における前帯状回の侵害ニューロンの特性

　サル前帯状回侵害受容ニューロンの特性を上述した。人間でも同様の知見
が報告されている（Hutchison et al., 1999）。癲癇の脳外科的治療で意識下開
頭術がなされる場合がある。カナダのグループの研究で，癲癇の焦点を探る
に際して，微小電極を用いて前帯状回のニューロン活動の記録がなされた。
そのうちのいくつかは，実際には侵害刺激のない状況であっても，痛みを想
起させる視覚刺激（例えば術者の手に針が近づく様子を見せること）に応じ
て活動を示した。この知見は人間においても前帯状回は実際に痛みを体験す

ることと痛みを想起することを統合するニューロンを含むことを示している。人間の痛みの大脳生理学研究で，直接にニューロン活動を記録している知見は極めて少ないため，この報告は貴重である。

2–5
おわりに

　上述の3つの実験研究で示されたように，**主観的な痛み体験は，刺激の前後の「文脈」のなかで形成される**。主観的な痛み体験は，刺激に対する単純な反応ではなく，脳内での能動的な情報処理により生成されているものであることを示唆する知見である。痛みを予期するだけで活動する前帯状回の侵害受容ニューロンの知見は，条件づけ学習理論に根拠を持つ痛みの認知行動療法の神経学的背景を示唆する。人間の fMRI の知見では，痛みを予期することで実際の痛み体験と同じ脳領域が活動すること，さらに小さな痛みを「思い込む」ことがこれら領域の活動を相対的に抑え，実際の痛み体験も小さくなることを示した。さらに痛みを誘発する刺激の時間的変化によって，主観的な痛み体験は大きく異なることを示した。これらの知見は，**痛み体験が文脈依存性であることを示している。心理士，看護師，療法士，医師の言葉や態度1つが科学的根拠のある鎮痛法であることを裏づけている**（Tracey, 2010）。

まとめ

- キーワード
  主観的体験（subjective experience）
  予期（expectation）
  文脈依存性（context dependent）
- 痛みは，刺激の前後の文脈に応じて形づくられる主観的体験である。
- 「文脈」とは，痛みが来ると予期したり，痛みが小さいと期待（思い込

み）したりすることで，個人のなかで変化する痛みの意味合いや状況を指す。

- 痛みの予期と実際の痛み体験は共通の神経基盤を持つが，予期により痛み体験とその脳活動は変化する。
- 主観的な痛み体験は，「オフセット鎮痛」のように，痛みの刺激強度よりもむしろ，刺激が終わるという期待（文脈）に大きく依存している。
- 前帯状回は痛みの予期と痛み体験そのものを統合しており，痛みの主観性，文脈依存性に関わる重要な痛み関連脳領域である。

⚡ 引用文献 ⚡

Grill, J. D., & Coghill, R. C. (2002). Transient analgesia evoked by noxious stimulus offset. *Journal of Neurophysioly, 87*, 2205–2208.

Hutchison, W. D., Davis, K. D., Lozano, A. M., Tasker, R. R., & Dostrovsky, J. O. (1999). Pain-related neurons in the human cingulate cortex. *Nature Neuroscience, 2*, 403–405.

James, W. (1890). *The principles of psychology.* Holt.

Koyama, Y., Koyama, T., Kroncke, A. P., & Coghill, R. C. (2004). Effects of stimulus duration on heat induced pain: The relationship between real-time and post-stimulus pain ratings. *Pain, 107*, 256–266.

Koyama, T., McHaffie, J. G., Laurienti, P. J., & Coghill, R. C. (2003). The single-epoch fMRI design: Validation of a simplified paradigm for the collection of subjective ratings. *NeuroImage, 19*, 976–987.

Koyama, T., McHaffie, J. G., Laurienti, P. J., & Coghill, R. C. (2005). The subjective experience of pain: Where expectations become reality. *Proceedings of the National Academy of Sciences of the United States of America, 102*, 12950–12955.

Koyama, T., Tanaka, Y. Z., & Mikami, A. (1998). Nociceptive neurons in the macaque anterior cingulate activate during anticipation of pain. *Neuroreport, 9*, 2663–2667.

Kubota, K., & Niki, H. (1971). Prefrontal cortical unit activity and delayed alternation performance in monkeys. *Journal of Neurophysioly, 34*, 337–347.

Neugebauer, V., Galhardo, V., Maione, S., & Mackey, S. C. (2009). Forebrain pain mechanisms. *Brain Research Reviews, 60*, 226–242.

Peyron, R., Laurent, B., & Garcia-Larrea, L. (2000). Functional imaging of brain responses to pain: A review and meta-analysis (2000). *Neurophysiologie Clinique, 30*, 263–288.

Price, D. D., McGrath, P. A., Rafii, A., & Buckingham, B. (1983). The validation of visual analogue scales as ratio scale measures for chronic and experimental pain. *Pain, 17*, 45–56.

Rainville, P., Duncan, G. H., Price, D. D., Carrier, B., & Bushnell, M. C. (1997). Pain affect encoded in human anterior cingulate but not somatosensory cortex. *Science, 277*, 968–971.

Tracey, I. (2010). Getting the pain you expect: Mechanisms of placebo, nocebo and reappraisal effects in humans. *Nature Medicine, 16*, 1277–1283.

Yelle, M. D., Oshiro, Y., Kraft, R. A., & Coghill, R. C. (2009). Temporal filtering of nociceptive information by dynamic activation of endogenous pain modulatory systems. *Journal of Neuroscience, 29*, 10264–10271.

Yelle, M. D., Rogers, J. M., & Coghill, R. C. (2008). Offset analgesia: A temporal contrast mechanism for nociceptive information. *Pain, 134*, 174–186.

3章

痛みの修飾と共感

荻野 祐一

3–1

痛みの修飾

　心頭滅却すれば火もまた涼し——これは，快川禅師が織田信長に寺を焼き討ちにされた際，火中に端座して死を受け入れつつ唱えた辞世の句として知られている。火中にありながら平然と涼しく平静を保つなどということは常人では到底できない境地であるが，スポーツの試合で夢中になっていて怪我していることに気がつかなかった，あるいは，試合が終わった後に初めて痛みを感じた，などという経験をした人はいるだろう。

　1章と2章で述べたように，痛みは決して単なる感覚ではなく，喜怒哀楽と並んで「痛」という，れっきとした1つの感情である（長い間，末梢からの侵害刺激で惹起される単純な感覚と誤解されてきたが）。痛みは主観的体験なおかつ個人的体験であるがゆえに，他人にはなかなか分かってもらえない，共感してもらえないものである（3–5節で詳説）。

　さらに，個人的・主観的な感情体験であるがゆえに，スポーツに夢中で痛みを感じなくなっている例のように，認知（どう痛みを捉えるか），注意（何かに気を取られている，夢中になっている），期待（どの程度の痛みが来るのか），気分（よい気分なのか，塞ぎ込んでいるのか）といった，環境や適応度により，痛みという感情体験は大きく変化する（Tracey & Mantyh, 2007）。

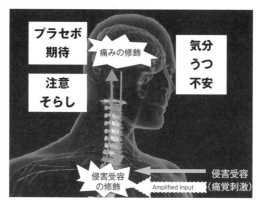

図 3-1　痛みの修飾

〔注〕純粋な痛覚刺激である「侵害受容」刺激は皮膚末梢の A デルタ線維（チクッと
した鋭い痛みを伝える）と C 線維（鈍い痛みを伝える）を伝わって，脊髄から大
脳へと上行する。有害な侵害受容情報は脊髄を上行した後に，大脳において「痛
み」という感情を生み出し，感覚・認知・感情的な意味合いに統合されて痛み体験
となる。脳レベルでは，環境や気分（うつ，不安），期待（プラセボ），注意（そら
し）による痛覚認知の変容を引き起こすことによって，痛みは修飾（modulation）
される。さらに，下行性に侵害受容情報（純粋な痛覚）の抑制（inhibition），ある
いは増幅（amplification）を引き起こす。例えば，手に同じ痛覚（侵害受容）刺激
を加えられても，プラセボや暗示，注意そらしがかかった状態では痛みは低減し，
逆に，不安やうつ状態では痛みは増幅する。

〔文献〕Tracey & Mantyh（2007）を著者一部改変。

　この人間の脳における痛みに対する認知変化を「痛みの修飾」という（図
3-1）。この認知変化による痛みの抑制，あるいは増強効果は絶大である。
上述した「心頭滅却」のように，炎のようなすさまじい侵害受容であって
も，訓練された認知操作により鎮痛し平静を保つことができる。例えば（身
近な例とはいいがたいが），インドのヨガの達人が身体や舌に針を刺しても
平気そうな写真を見たことはないだろうか。このメカニズムを脳磁図と機能
的脳画像（functional magnetic resonance imaging; fMRI）で解き明かした
研究がある。

　柿木（生理学研究所）らの研究において，インドで長期間ヨガの訓練を受
け，瞑想中には痛みを感じないと主張する日本人ヨガマスター（ヨガの達
人）に炭酸ガスレーザー光線による痛覚刺激を与え，脳磁図と fMRI が記録

されている（Kakigi et al., 2005）。瞑想していないときには，一般健常人と同様，痛覚刺激に対して両側半球の視床，第二次体性感覚野，島，帯状回の血流が有意に増加していた一方，瞑想中には痛覚刺激時に特異的に出現するはずの痛覚関連脳磁図がまったく記録されなかった。加えて，fMRI 計測において，上記の痛み関連脳領域の血流は変化せずに前頭葉，頭頂葉，および中脳の血流が増加していた。瞑想中であってもヨガマスターは通常と同様に会話が可能であったことから，睡眠や鎮静といった意識レベルの低下とも異なる状態である。脳画像解析を用いた結果から，ヨガマスターが瞑想中には本当に痛みを感じていないことが客観的に明らかとなった。ヨガ瞑想の鎮痛メカニズムとしては，結果のなかで活性化を示していた中脳被蓋部が痛覚の下行性抑制系の重要部位であることから，瞑想中の下行性抑制系の活性化が示唆される（Kakigi et al., 2005）。

⚡ 3–2 ⚡
信じる者は救われる──プラセボ効果

「信じる者は救われる」とはいうが，なぜ信心深い宗教心が痛みに効くのだろうか。「プラセボ（placebo）効果」は，薬理学的には何の効き目のないはずの「薬」を服用しても，患者自身が効き目があると思い込むことで，病気の症状が改善する効果を指す。プラセボ効果は，手術や薬物療法の効果と同等，もしくはそれ以上に効くとされている（Beard et al., 2018）。それほど，この認知変化による痛みの修飾効果は絶大なのである。いったい，どのような機序（メカニズム）によるものなのか。

紀元前 3000 年ごろ，人類は阿片（あへん）などのハーブや薬草を地域によっては麻酔として用いていたが，基本は祈祷（きとう）などの種々の魔術的行為による「痛みの修飾」や意識変容が麻酔の起源とされる。こうした「信心」の機序は，実はプラセボ効果と同じで，前頭葉の前方やや外側にある前頭前野（prefrontal cortex; PFC：図 0–2 参照）と呼ばれる領域の活動と，それに続く脳幹部の活動（下行性抑制系）が，信仰心やプラセボ効果の持つ強い鎮痛機序として作用する（Wiech et al., 2008）。

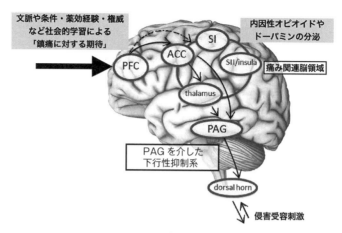

図 3-2　プラセボ効果

〔注〕プラセボ効果は，複雑な感情活動から「鎮痛に対する期待」の高まり（＝前頭
　　前野（PFC）の活動）という痛みに対する認知機能の活性化から下行性に連鎖反応
　　を引き起こし，痛み関連脳領域（前帯状回や島，感覚野，視床）の活動を抑え，さ
　　らに内因性オピオイド鎮痛ネットワークである PAG–RVM 系の活性化を介した下
　　行性抑制系の制御へとつながっていく。
〔略語等〕ACC：前帯状回，dorsal horn：脊髄後角，insula：島，PAG：中脳水道周
　　囲灰白質，PFC：前頭前野，SI：第一次体性感覚野，SII：第二次体性感覚野，
　　thalamus：視床。
〔文献〕Colloca et al.（2013）を著者一部改変。

　つまりプラセボ効果は，大脳の PFC から脳幹，それから脊髄へと至る，
下行性抑制系の活動による「痛みの修飾」といえる（図 3-2）。下行性抑制
系は，痛みが脳で認知されると大脳皮質，視床下部，扁桃体などから中脳水
道周囲灰白質（periaqueductal grey; PAG）に入力し，さらには吻側延髄腹
内側部（rostral ventromedial medulla; RVM）や青斑核に情報が伝達される
ことから，別名 PAG–RVM 系とも呼ばれる。プラセボ効果は，大脳皮質
PFC を中心とした高次認知機能と情報処理を起点としながらも，大脳辺縁
系から下位においては PAG–RVM 系のネットワーク回路を活性化させる
（Petrovic et al., 2002: 図 3-2）。

　プラセボ効果に内因性オピオイドが関わっていることは，ナロキソン（オ
ピオイド拮抗薬）投与により鎮痛効果が拮抗（リバース）されることから以

前より分かっていた。薬剤としてのオピオイド投与時は，プラセボ効果のように，やはり PAG-RVM 系ネットワークを活性化させる。「痛みの修飾」メカニズムが明らかになってきたのは，脳イメージング研究が発達した近年になって判明してきたことである。では，そのプラセボ効果の起点となっている大脳 PFC における脳活動とは，いったい何なのだろうか（3-3節参照）。

⚡ 3-3 ⚡
プラセボ効果の正体は「鎮痛に対する期待」

「プラセボ（placebo）」の語源は「自分を喜ばす」という意味のラテン語であり，英語の please と同語源である。その語源が示すとおり，プラセボ効果の本態は，前頭前野（PFC）領域の活動で表現される「（自分を喜ばす）鎮痛に対する期待」が起点となっている（Colloca et al., 2013: 図 3-2）。

「鎮痛に対する期待」が鎮痛効果を生むためには，その期待に特別な意味を持たせることが重要であり，期待に至るまでの経験，学習過程があることが特徴である（2 章参照）。例えば，事前に実際に薬理作用のある薬剤を投与され，鎮痛効果を経験・学習（「条件づけ（conditioning）」という）した後にプラセボ薬（薬効のない偽薬）が投与されると，鎮痛効果を発しやすい。しかし，こういった薬剤による学習や条件づけがなくとも，言葉や文脈による社会的な意味づけ，投薬した医師による権威づけ，薬剤形や色といったブランドなど，社会的な意味づけ学習によっても，プラセボ効果は発現する。

つまりプラセボ鎮痛は，人間の複雑な感情活動から「鎮痛に対する期待」の高まりという認知機能の活性化が引き起こされ，それが既存の痛み関連脳領域（前帯状回や島，感覚野，視床）の活動を抑えつつ，さらなる下行性抑制系・内因性オピオイドネットワークである PAG-RVM 系の活性化につながっている（図 3-2）。このことは，前述のナロキソン投与により，プラセボ鎮痛効果の消失と同時に，視床下部，PAG-RVM 系の活動消失が認められることが fMRI 研究において示されて，再確認されている（Eippert et al., 2009）。

プラセボ効果は，上述のような社会的な意味づけの経験や学習があることが特徴であるので，プラセボが効きやすい人とまったく効かない人がいることは，臨床上もよく観察されるところである。プラセボ効果に反応しやすい人の性格上の特徴として，協調性（agreeableness）の高さ，自律的な治癒力（resilience）の高さ，ストレスや不幸に対して楽観的な見方（optimistic view）をする性質などが挙げられている（Peciña et al., 2013）。また，脳白質の脳イメージング研究（脳部位間における解剖学的な神経線維のつながりを見る）では，PFC と前帯状回，PAG に至る構造的つながりが，プラセボ効果の反応性のよさと関係していることが示されている（Stein et al., 2012）。また解剖的つながりのみならず，機能的つながりにおいても，PFC と島のつながりの強さがプラセボ鎮痛の反応性に関係している（Colloca et al. 2013）。要するに，構造的にも機能的にも，PFC から PAG–RVM 系に至る下行性のつながり（図 3-2）が，プラセボ効果にとって最重要ということになる。

　痛みの修飾が生じるのは，プラセボ効果のほかにも，注意や期待，瞑想，抗うつ薬投与などが挙げられる（図 3-1）。いずれも上位中枢（特に PFC）を中心とした活動が中心となり，痛み認知の変化を生じたうえでさらに PAG–RVM 系のネットワーク（下行性抑制系）に至り「痛みの修飾」を起こす（Ong et al., 2019）。つまり前頭葉の PFC は，痛みの（生物心理社会的な ［biopsychosocial]）管理センターとも呼ぶべき役割を持っている（Ong et al., 2019）。

⚡ 3-4 ⚡
共感は能力

　共感（empathy）とは「他人の気持ちを理解し共有する能力」であり，人間を人間たらしめる最重要な脳活動である。共感と似た用語として共鳴（sympathy）があるが，共鳴は同情や思いやりの「感情（feeling）」である。それに対して，共感は「能力（ability）」であることに注意が必要である。能力であるがゆえに，訓練して伸ばすこともできる（訓練の仕方に関しては

9-6 節を参照）。

　共感には，感情の共有，想像，他者感情の理解など，複数のプロセスを含んでいる。もし人間に共感能力がなければ，他者の気持ちを推し量ったり，他者にとって必要な行為をしたり，意思疎通を図ったりすることが難しくなり，しまいには社会的活動ができなくなる。

　例えば，意思疎通障害を来す疾患として最もよく知られている自閉症スペクトラム障害患者においては，身体的痛みに対しては健常対照群と同様の脳活動を示すものの（つまり自分の身体的痛みは分かる），1-5 節で述べたような社会的痛み（孤立，疎外感，不当な扱いなど）に対しては反応（前帯状回と島前部などの痛み関連脳領域の活動）が弱い。つまり，他者の痛みを共感しにくいことを表している。同じく自閉症スペクトラム障害において，前頭葉 − 前帯状回 − 後帯状回の機能的連携の弱体化が報告されており，共感能力の障害を表したものではないかと示唆されている（Jung et al., 2014）。

⚡ 3–5 ⚡
痛みの共感

　前述のとおり，共感とは「他人の気持ちを理解し共有する能力」であり，対象となる人と同様の心的状態を生起する能力である。したがって，その共感能力の脳活動というのは，対象となる人物が呈している脳活動と同調した（似た）活動を呈する。つまり「他人の気持ちが分かる」というのは「他人の脳活動と同調した（似た）脳活動を自分の脳にも再現する能力」ということになる（Singer & Klimecki, 2014）。他人の痛みをまるで自分の痛みかのように認知し，脳活動まで再現する能力を「**痛みの共感（pain empathy）**」という。

　痛みは激烈な感情体験であるため，他人の痛みを共感することは比較的容易にできる。例えば，自分の子どもや愛情を抱く配偶者，恋人，親のような近親者に痛みを与えられているのを見るとしよう――そのような状況では近親者の痛みをまるで自らの痛みかのように強く共感することになるだろう。そのときの脳活動は，前帯状回や島前部といった（痛み関連脳領域のなかで

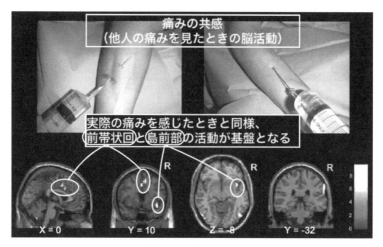

図 3-3　痛みの共感における神経基盤

〔注〕痛みの共感における神経基盤は，前帯状回（anterior cingulate cortex; ACC）
と島前部（anterior insula; AI）が基本である。本図は図 1-3（Ogino et al., 2007）
に注釈を加えたものである。実際に痛みを与えられたときに活動する脳領域を「痛
み関連脳領域」というが，その中核をなす ACC と AI の 2 つの部位が痛みの共感
の神経基盤である。ACC と AI は，痛み関連脳領域のなかでも，痛みの感情面を
担う領域である。

も）痛みの感情に関わる領域の活動が活発になる。痛みの共感における神経
活動の基盤となる脳領域は，前帯状回と島前部が基本であり（図 3-3），こ
の 2 つは痛みの感情に関わる領域である。

　一方，実際の痛みを受けたときの脳活動は，前帯状回や島前部に加え，後
帯状回や第二次体性感覚野領域の活動が認められる。ただし，痛みの共感に
おける神経基盤である前帯状回と島前部という 2 つの部位に関しては，「実
際の痛み」と「痛みの共感」の脳活動はほぼ同一であることが分かっている
（Zaki et al., 2016）。例えば，筆者らが実施した研究（Ogino et al., 2007）で
も，図 3-3 のような痛みを連想させる画像を見たとき，誰でも注射の痛み
を受けた経験があるので，針が皮膚に刺入する際のチクッとした急性痛を容
易に想像することができる。その際の脳活動は前帯状回，島前部，第二次体
性感覚野，後部頭頂葉の活動を認め，身体的痛みとほぼ同様の領域の活性化
を認めている。共感の神経基盤である前帯状回や島前部に加え，第二次体性

感覚野のような痛みの感覚的・判別的側面に関する脳領域活動も認められるという研究結果は，「痛みの想像」は「痛みの共感」の脳活動を包括し「実際の痛み」のような脳活動を示している（Ogino et al., 2007）。前帯状回や島前部に関しては，痛み関連脳領域の感情面としての役割と「痛みの共感」の神経基盤としての役割の両方を兼ねている。結論として，痛みは常に主観的な感覚・感情であり，認知の仕方，視点（perspective taking）でいかようにもその脳活動が変わってくるといえる。

⚡ 3–6 ⚡
プラセボ効果と痛みの共感

　プラセボ効果の正体は「鎮痛に対する期待」，つまり前頭葉の PFC 活動であり，その活動を起点として脊髄に至る下行性抑制系・内因性オピオイドネットワークであることはすでに述べた（図 3–2）。さらに，ナロキソン（オピオイド受容体の拮抗薬）投与により，プラセボ効果と下行性抑制系の活動消失が認められることも，すでに述べた（Eippert et al., 2009）。

　さらに興味深いことに，プラセボ効果をナロキソンでリバース（拮抗）したところ，「痛みの共感」能力も一緒に消失してしまったことが報告されている。具体的には，他人の「痛みの共感」レベル低下と，前帯状回と島前部活動が同時に低下することが示された（Rütgen et al., 2015）。この研究結果は，痛みがいかに主観的なものかを強く物語っているのみならず，痛みの共感の神経基盤（前帯状回と島前部）が痛み関連脳領域と共有しているがゆえに，人為的にナロキソンで内因性オピオイドネットワーク活動を抑えつけられてしまった状態にすることにより，自身の保持する痛みの記憶をも脳内再現できず，結局，他人の痛みも共感できなくなってしまった，ということである。

　余談となるが，2000 年代を代表する伊藤計劃（けいかく）（2007）の SF 小説『虐殺器官』では，主人公である兵士が戦場に送り出される前に，心理操作により脳の"痛覚マスク"を施されると，戦場では躊躇（ちゅうちょ）なく少年兵を銃撃するという著しい共感性の低下を示すと同時に，自分の足が吹き飛ばされても痛みを

感じることができないといった描写がある。上述のように「痛みの共感」神経基盤と痛み関連脳領域の感情面領域は同じであり，人為的に同時に遮断することができるという現代の脳科学的証拠（Rütgen et al., 2015）とも一致しており，とても精緻な SF 描写であることに驚く（同時に決して空想ではない実現可能性として空恐ろしさを感じる）。

⚡ 3–7 ⚡
無痛症患者における痛みの共感

　先天的に痛みを感じることのできない神経疾患に無痛症（congenital insensitivity to pain）がある。この無痛症患者では「痛みの共感」があるのかどうかを考察する。痛みの共感は，他人の痛みに共感する能力であるが，基本は自身の痛み体験の経験と記憶がベースになっている（3-5 節と 3-6 節を参照）。

　では，自分の痛みの経験がない特殊な疾患である無痛症患者では，痛みの共感はどうなるのだろうか。興味深いことに，身体的痛みを認知できないはずの無痛症患者でも「痛みの共感」は感じることができ，その神経基盤である前帯状回と島前部の活動を認める（Danziger et al., 2009）。無痛症患者では PFC の活動が目立つなど，健常者とまったく同じ活動様式とはいえないものの，他者の痛みを理解し，痛みの感情を惹起することができるのは興味深い（Danziger et al., 2009）。

　つまり「痛みの共感」とは，痛みの経験の有無にかかわらず，普遍的に人間に備わった能力であるといえよう。したがって，どんな冷酷な人間（例えば粛正をいとわないような独裁者）にも他人の痛みの共感は本来的に備わっている。ただ，他者の痛みに極端に鈍感であるような冷酷無比な人間というのは，あまり外には表情を出さず，痛みの共感も低そうに見えることが往々にしてある。それはどうしてだろうか――この答えについては，9-7 節で述べる。

⚡ 3-8 ⚡
慢性痛患者における共感能力

慢性痛患者は，長引く痛みという強いストレス状態（精神的・肉体的に負荷のかかった状態）に置かれる。「慢性痛は神経変性疾患」といわれるように，慢性痛状態下では，早期から PFC や海馬に適応性変化（plastic change）が観察され，うつ，不安，不眠，不動化，無気力化（失感情症）といった「痛みの悪循環」に陥っていることが多い（9章を参照）。慢性痛患者は恒常的に痛みにさらされることにより，末梢から脊髄後角，脊髄視床路，脳など，あらゆるレベルでの適応性変化を生じ，痛みの神経基盤は大きく変化した状態となる。なお，本書では「適応性変化」と呼ぶが，「可塑性変化」という語句のほうが痛み研究者の間で現在汎用されている（9-3節参照）。

したがって，慢性痛患者における脳適応性により機能と形態の両面において変わるのなら，前帯状回と島前部を神経基盤とする痛みの共感も変わってくるのではないか，という仮説を立てることができる。実際，線維筋痛症，特発性顔面痛・歯痛，身体表現性障害のような痛覚変調性疼痛疾患（1-9節参照）において，前帯状回の機能低下（Noll-Hussong et al., 2013）と同時に，痛みの共感が低下していることを示している研究（Peng et al., 2019）もあり，興味深い。

⚡ 3-9 ⚡
痛みの予感・期待

痛みが来そうだ，予想していたよりもずっと痛かった，もしくは痛みが小さいものであってほしいと願う気持ち……。これらは痛みの予感・期待（anticipation）効果と呼ばれ，共感と似た神経基盤を持っている（前頭葉 PFC，前帯状回，島前部の活動）。2章で詳説したように，Koyama ら（2005）は，少ない痛みを期待しているときは，主観的に感じる痛みと，客

観的な痛み関連脳領域活動の両方が，実際に与えられた痛み刺激の大きさよりも抑制されていることを fMRI 研究で示した。普段何気なく注射する際に「ちょっとチクッとしますよ」などと伝えることの科学的根拠である。また普段から「痛がり」な人の脳活動は，やはり痛み関連脳領域の反応活動が過剰に大きくなることが分かっている（Coghill et al., 2003）。

⚡ まとめ ⚡

- キーワード
    痛みの修飾（pain modulation）
    共感（empathy）
    プラセボ（placebo）
- 人間の痛みは，その捉え方（認知）次第で，いかようにも変化する。これを「痛みの修飾」という。
- 痛みの修飾の代表例はプラセボ効果であり，その正体は「鎮痛に対する期待」である。
- プラセボ効果は，「鎮痛に対する期待」＝前頭葉の前頭前野（PFC）活動を起点として脊髄に至る下行性抑制系・内因性オピオイドネットワークを発動させる。
- 共感とは「他人の気持ちを理解し共有する能力」であり，「痛みの共感」は他人の痛みを自分の痛みかのように認知し，脳活動まで再現する能力である。
- 痛みの共感の神経基盤は前帯状回と島前部であり，痛み関連脳領域と共有している。
- 痛みの共感は人間の普遍的な能力であり脳活動であるが，人為的にその能力を増強したり遮断したりすることが可能であり，将来の応用が期待される。

⚡ 引用文献 ⚡

Beard, D. J., Rees, J. L., Cook, J. A., Rombach, I., Cooper, C., Merritt, N., … CSAW Study Group. (2018). Arthroscopic subacromial decompression for subacromial shoulder pain (CSAW): A multicentre, pragmatic, parallel group, placebo-controlled, three-group, randomised surgical trial. *Lancet, 391*, 329–338.

Coghill, R. C., McHaffie, J. G., & Yen, Y. F. (2003). Neural correlates of interindividual differences in the subjective experience of pain. *Proceedings of the National Academy of Sciences of the United States of America, 100*, 8538–8542.

Colloca, L., Klinger, R., Flor, H., & Bingel, U. (2013). Placebo analgesia: Psychological and neurobiological mechanisms. *Pain, 154*, 511–514.

Danziger, N., Faillenot, I., & Peyron, R. (2009). Can we share a pain we never felt? Neural correlates of empathy in patients with congenital insensitivity to pain. *Neuron, 61*, 203–212.

Eippert, F., Bingel, U., Schoell, E. D., Yacubian, J., Klinger, R., Lorenz, J., & Büchel, C. (2009). Activation of the opioidergic descending pain control system underlies placebo analgesia. *Neuron, 63*, 533–543.

Jung, M., Kosaka, H., Saito, D. N., Ishitobi, M., Morita, T., Inohara, K., … Iidaka, T. (2014). Default mode network in young male adults with autism spectrum disorder: Relationship with autism spectrum traits. *Molecular Autism, 5*, 35.

Kakigi, R., Nakata, H., Inui, K., Hiroe, N., Nagata, O., Honda, M., … Kawakami, M. (2005). Intracerebral pain processing in a Yoga Master who claims not to feel pain during meditation. *European Journal of Pain, 9*, 581–589.

Koyama, T., McHaffie, J. G., Laurienti, P. J., & Coghill, R. C. (2005). The subjective experience of pain: Where expectations become reality. *Proceedings of the National Academy of Sciences of the United States of America, 102*, 12950–12955.

Noll-Hussong, M., Otti, A., Wohlschlaeger, A. M., Zimmer, C., Henningsen, P., Lahmann, C., … Guendel, H. (2013). Neural correlates of deficits in pain-related affective meaning construction in patients with chronic pain disorder. *Psychosomatic Medicine, 75*, 124–136.

Ogino, Y., Nemoto, H., Inui, K., Saito, S., Kakigi, R., & Goto, F. (2007). Inner experience of pain: Imagination of pain while viewing images showing painful events forms subjective pain representation in human brain. *Cerebral Cortex, 17*, 1139–1146.

Ong, W. Y., Stohler, C. S., & Herr, D. R. (2019). Role of the prefrontal cortex in pain processing. *Molecular Neurobiology, 56*, 1137–1166.

Peciña, M., Azhar, H., Love, T. M., Lu, T., Fredrickson, B. L., Stohler, C. S., & Zubieta, J. K. (2013). Personality trait predictors of placebo analgesia and neurobiological correlates. *Neuropsychopharmacology, 38*, 639–646.

Peng, W., Meng, J., Lou, Y., Li, X., Lei, Y., & Yan, D. (2019). Reduced empathic pain processing in patients with somatoform pain disorder: Evidence from behavioral and neurophysiological measures. *International Journal of Psychophysiology, 139*, 40–47.

Petrovic, P., Kalso, E., Petersson, K. M., & Ingvar, M. (2002). Placebo and opioid analgesia: Imaging a shared neuronal network. *Science, 295*, 1737–1740.

Rütgen, M., Seidel, E. M., Silani, G., Riečanský, I., Hummer, A., Windischberger, C., ... Lamm, C. (2015). Placebo analgesia and its opioidergic regulation suggest that empathy for pain is grounded in self pain. *Proceedings of the National Academy of Sciences of the United States of America, 112*, E5638–E5646.

Singer, T., & Klimecki, O. M. (2014). Empathy and compassion. *Current Biology, 24*, R875–R878.

Stein, N., Sprenger, C., Scholz, J., Wiech, K., & Bingel, U. (2012). White matter integrity of the descending pain modulatory system is associated with interindividual differences in placebo analgesia. *Pain, 153*, 2210–2217.

Tracey, I., & Mantyh, P. W. (2007). The cerebral signature for pain perception and its modulation. *Neuron, 55*, 377–391.

Wiech, K., Farias, M., Kahane, G., Shackel, N., Tiede, W., & Tracey, I. (2008). An fMRI study measuring analgesia enhanced by religion as a belief system. *Pain, 139*, 467–476.

Zaki, J., Wager, T. D., Singer, T., Keysers, C., & Gazzola, V. (2016). The anatomy of suffering: Understanding the relationship between nociceptive and empathic pain. *Trends in Cognitive Sciences, 20*, 249–259.

4章

痛みの性差と月経周期

掛田 崇寛

⚡ 4-1 ⚡
痛みの性差

　男女の性差による痛みの違いについて，以前はないものと考えられてきたが，近年の研究成果から性差が存在することが明らかになってきた。海外ではすでに比較的多く検討がなされており，**総じて女性のほうが男性と比較して痛みに対する感受性が高く，痛みを感じやすい**（Enck & Klosterhalfen, 2019; Pieretti et al., 2016）。実際，実験的な痛覚刺激による研究では，女性は男性と比較して悪化しやすく，術後や処置中の疼痛の影響も深刻である（Fillingim et al., 2009; Kvachadze et al., 2015）。また，女性の痛みは男性に比べてかなり多様であり，かつ慢性痛や疾患に関する痛み，臨床での痛み体験やそのリスクがいずれも高い（Bartley & Fillingim, 2013; Kvachadze et al., 2015; Pieretti et al., 2016）。さらに，女性では痛みと不安の間に正の相関があるのに対して，男性ではそれが明らかでないことから，痛みをより否定的に解釈する可能性もある（Keogh et al., 2004）。

　男女では痛みに対する捉え方も異なるようで，男性は女性と比べてプラセボ鎮痛（本来は効果が期待できないものを偽薬として対象者が服用することで痛みの改善が起きる）が得られやすく，恐らく対象者の暗示効果や期待効果，自然治癒力などが相乗して発現する（Enck et al., 2019: **3-2 節**も参照）。神経障害性疼痛（痛みが遷延する難治性の痛み）モデルの基礎研究（動物を

対象にした顕微鏡下ミクロレベルの研究）では，雄マウスでは痛覚過敏症にマイクログリア（中枢神経系における免疫担当細胞で神経細胞間に存在する）の活性化が関与しているのに対して，雌マウスではそれが確認できなかった（Sorge et al., 2015）。近年，エストロゲンに代表される性ホルモンはゲノムおよび非ゲノム受容体を介して，痛みや気分，オピオイド感受性，神経機能などの多岐にわたって影響を及ぼすことも分かってきた（Marrocco & McEwen, 2016）。したがって，痛みに関しては単に性差があるというより，性差にまつわる痛みの根本的な違いを明らかにしていく必要がある。

⚡ 4-2 ⚡
月経周期と痛み

　女性には男性にはない月経周期（生理周期）が存在する。その周期は卵胞期，排卵期，黄体期，月経期の4期間に区分され，おおむね25〜38日で周回される（図4-1）。月経周期の調節には，主にエストロゲンやプロゲステロンなどの性腺ホルモンが関与しており，女性の痛み体験にも重要な役割を担っている。月経周期に関連した脳活動を検証した研究では，認知機能や運動機能に関連する領域においても，月経周期に応じて活性化パターンが異なることも明らかにされている（Iacovides et al., 2015）。

　痛みの特徴としては，月経周期の卵胞期において痛覚閾値が最も高くなって痛みを感じにくくなるとともに，痛みに対する耐性が最大になる（Riley et al., 1999）。一方，月経周期の黄体期から月経期にかけては腹痛や頭痛，倦怠感などの不調を訴える者が多いだけでなく，黄体期が卵胞期に比べて痛覚感受性が亢進し，痛みを感じやすくなる。こうした月経周期における痛覚感受性の変化は，諸外国の報告では見られたものの，日本の成人女性を対象にした研究は2015年当時見当たらなかった。そこで，海外での報告と同様に，日本の女性においても月経周期で感じ方に違いがあるのかどうか，すなわち卵胞期および黄体期で痛覚感受性が変動するか否かを検討することとした。

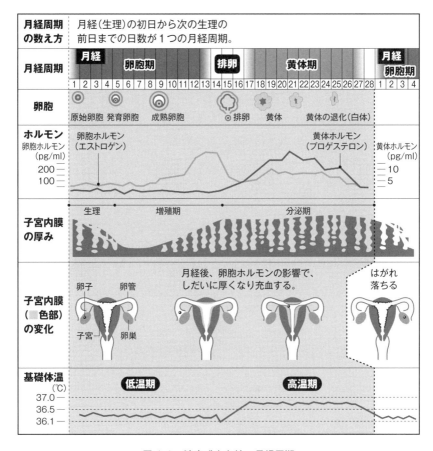

図 4-1　健康成人女性の月経周期

〔注〕月経周期における卵胞や性腺ホルモン，子宮内膜の増殖変化をそれぞれ示すものである。卵胞の成熟とともに性腺ホルモンであるエストロゲンとプロゲステロンは分泌量が増加するとともに，子宮内膜を増殖させて排卵と妊娠に備える。妊娠が成立しない場合は双方の分泌量が徐々に低下し，やがて生理を迎える。女性の痛覚感受性も月経周期で変化する。

〔文献〕加藤（2019）をもとに著者作成。

⚡ 4-3 ⚡
日本の女性における月経周期と痛みの変動

　筆者らは月経周期が規則的で，周期が安定している日本の若年健康成人女性 15 名（年齢 21.3±0.18 歳）を対象に，月経周期における痛覚感受性の変化を検証した。対象者は月経周期のうち，卵胞期（月経停止後 1〜7 日目の間）と黄体期（月経開始予定日前 1〜7 日目の間）に相当する時期に痛覚閾値の測定を行った。痛覚刺激には熱痛刺激装置を用いて，対象者の短母指屈筋直上に実験的な熱痛を発生させた。熱痛は装置起動に伴って刺激用プローブ表面温度が常温から徐々に温度上昇するにつれて，当初温かく感じた感覚が，やがて明確に"熱い痛み"へと移行する。対象者がプローブ表面を明らかに"熱い痛み"として知覚した時点で申告ボタンを押し，その時点の温度を熱痛閾値として計測した。その結果，黄体期は卵胞期と比較して，熱痛閾値が有意に低いことが明らかとなった（図 4-2）。つまり，黄体期は卵胞期

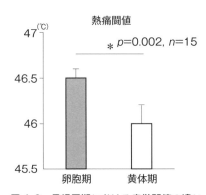

図 4-2　月経周期における痛覚閾値の違い

〔注〕黄体期は卵胞期と比較して，熱痛刺激による痛み刺激を感じるまでの閾値が有意に低いことが明らかとなった。つまり，同一対象者で，かつ同じ痛覚刺激であっても，黄体期の際は痛みとして知覚する温度が早いことから，痛みを感じやすい過敏な状態にあることが分かる。黄体期にはさらに，月経前症候群と呼ばれる，心身の何らかの不調を来すことも知られている（6-6 節参照）。

〔文献〕Kakeda et al.（2019）

と比較して，熱痛として知覚する温度がより低温であり，痛みに敏感であることを示す。このことから，日本の若年成人女性においても，黄体期では卵胞期よりも痛覚感受性が高く，痛みを感じやすいことが明らかにされた。

　この結果は，注射による穿刺痛（せんししつ）が黄体期に敏感になるとの報告（Fillingim et al., 1997; Fillingim & Ness, 2000）や，切開処置などによる痛みが黄体期に悪化するという知見（Pogatzki-Zahn, 2019）とも一致する。さらに，若年健康女性の黄体期における婦人科腹腔鏡手術疼痛は，卵胞期と比較して術後疼痛評価が悪化しやすく，痛みを感じやすくなることとも符合する（Piroli et al., 2019）。したがって，月経周期のある女性においては，画一的な疼痛管理ではなく，その周期を考慮して疼痛管理を検討・実施していく必要がある。特に黄体期においては，より予防的に痛みを管理する最適化医療（precision medicine approach）を行う必要がある。

⚡ 4–4 ⚡
月経周期によって痛みが変動するメカニズム

　月経周期によって疼痛反応に違いが生じる理由については，まだ不明なことも多い。しかしながら，女性の痛覚感受性の変動が生じる原因としては，これまでに明らかにされている根拠もある。まず，女性の主要な性腺ホルモンであるエストロゲンとプロゲステロンのうち，黄体期後期においては月経開始に先立って，プロゲステロンの分泌低下が生じる。その際，子宮内膜からは代表的な発痛物質であるプロスタグランジン E2 やプロスタグランジン F2α が月経を促すために分泌される（Jabbour et al., 2006）。これらのプロスタグランジンは子宮筋を収縮させ，過度な収縮が生じた場合は月経痛として知覚される。

　また，プロスタグランジンは子宮内膜の剥離と脱落を促進するだけでなく，やがて血中へ移行すると代謝されるまで持続的な痛みの原因となる。さらに，黄体期後期においてはエストロゲンの低下も生じるが，これに伴い内因性鎮痛物質である β–エンドルフィン量も減少することから，否定的感情を抱きやすくなるととともに，痛覚感受性が一時的に高まり，痛みを感じや

すくなる（Veith et al., 1984; Viana et al., 2005）。したがって黄体期（特に月経前の後期）では，性腺ホルモンの変動に伴って関連物質の分泌や拡散，内因性鎮痛物質の減少，否定的な感情の惹起といった複合要因によって痛覚感受性が亢進すると考えられる。

⚡ 4-5 ⚡
先制鎮痛法による月経痛管理

　痛みを管理するうえで，先制鎮痛法（preemptive analgesia）という管理方法がある。先制鎮痛法とは，文字どおり，痛みを感じる前に先行的に鎮痛薬を投与して，痛みの受容を抑制することである（痛みを感じてから鎮痛するよりも先制鎮痛しておくほうが，痛みが少なくなる）。先制鎮痛法は動物モデルの研究において，侵害受容反応が鎮痛薬の事前投与によって抑えられるという報告（Woolf, 1983）を契機に人間でも応用されるようになった，現在も手術麻酔に用いられている概念である（手術の際に麻酔科医は，外科医によって皮膚切開される前に，あらかじめ鎮痛を施しておくなど）。

　月経痛の発来は，あらかじめプロスタグランジンが子宮筋を過度に収縮させ，その筋収縮に伴う周囲組織の圧迫と限局的な血流遮断による虚血が誘因になる。さらに，子宮内膜のプロスタグランジンやその代謝物質は，やがて血中に移行して全身を還流するため，頭痛や嘔気といった新たな随伴症状を引き起こす。このように，月経痛はいったん生じてしまうと，その後に鎮痛薬などを服用したとしても十分な効果が得られない。日常生活に支障を来すほどの月経痛や随伴症状に苦慮する女性では，月経予定日を念頭に，痛みや随伴症状が出現する前にプロスタグランジン産生を抑止可能な非ステロイド系消炎鎮痛剤や低用量エストロゲン－プロゲステロン合剤をあらかじめ服用する必要がある。

　このほか，月経とも関連のある，婦人科系外科手術における痛みに関しても先制鎮痛を行うことで術後疼痛管理におけるオピオイド鎮痛薬の総投与量を抑制できるだけでなく，術後鎮痛評価や患者満足度の向上にも寄与することが報告されている（Steinberg et al., 2017; Taumberger et al., 2022）。した

がって，想定可能な痛みに対しては，痛みが発現する前に，適切に鎮痛を行い，対象者の QOL（生活の質）の低下を防ぐことが重要である。

⚡ 4–6 ⚡
痛みと女性のメンタルヘルス

　月経に関連したネガティブな症状や疾患はいくつかある。最も臨床頻度が多いものとして月経困難症があり，原発性月経困難症と器質的月経困難症に分類される。原発性月経困難症は明らかな原因疾患がないのに対して，器質的月経困難症は子宮内膜症や子宮筋腫といった原因疾患を伴う。随伴症状としては，双方とも下腹部痛や腰痛，抑うつなどを呈する。このうち，周期的な痛みや苦痛を感じている原発性月経困難症者では，そうでない者と比較して疼痛感受性が高く，痛みに対して敏感である（Payne et al., 2019）。また，繰り返される苦痛体験が，二次性の痛覚過敏として中枢神経系の過剰興奮を誘発することさえある（Bajaj et al., 2002）。

　次に，成人女性の多くが月経開始前に月経前症候群（premenstrual syndrome; PMS）と呼ばれる，心身の何らかの不調を来すことも知られている。また，PMS 症状を強く自覚していない者でも気分の起伏が激しくなったり，精神的に不安定でイライラしやすくなったりする。実際，月経周期の黄体期には顕著な否定的な感情が認められ，感情調節障害のリスクが高まるほか，痛みの悪化も招きやすい（Lusk et al., 2017; Ring et al., 2009）。

　さらに，頻度は多くないものの，PMS の重症型で，黄体期から卵胞期間の気分感情の起伏が大きく，精神症状が強いものを月経前不快気分障害（premenstrual dysphonic disorder; PMDD）という。PMDD に関しては著しい感情の不安定性やいらだたしさ，抑うつ気分，易怒性などを随伴する。また，PMDD 患者は人格変化を伴うほどの精神状況を呈することもあり，症状発現によって日常生活がままならない状態に陥る。月経開始前にエストロゲンとプロゲステロンは急速に低下するが，このうちプロゲステロンが代謝されて産生される神経活性ステロイドのアロプレグナノロンが PMS および PMDD の発症に関与していると考えられている（Sundström-Poromaa et al., 2020)。

　実際，PMS や PMDD 患者は，そうでない健康女性よりもアロプレグナノロンが低く，血中濃度におけるアロプレグナノロンの変動が $GABA_A$ 受容体を介して否定的な感情の増悪を招くことが知られている（Andréen et al., 2009; Monteleone et al., 2000）。

　そのため，PMS や PMDD に対する治療に関しては，うつ病とは異なるものの，慢性痛の鎮痛管理にも使用される選択的セロトニン再取込み阻害薬（selective serotonin reuptake inhibitor; SSRI）を黄体期に間歇的に低用量投与することで効果が得られる。明確な機序についてはいまだ不明な点もあるが，**SSRI 投与によって脳内アロプレグナノロン濃度が上昇することや，セロトニン作動活性に伴う抗不安効果など**が寄与しているものと思われる（Landén et al., 2007; Lovick, 2013）。PMDD では自死だけでなく，他害を引き起こすことさえあり，患者本人やその家族を含めて，症状や対処方法を理解してもらう必要がある。また，PMDD の症状は個人差が大きいことに加えて，症状消退時は平然と一般的な日常生活を送り，正常な思考判断もできることから，発症時とのギャップが大きい。このことから，周囲から理解が得られず，社会的孤立を招くこともある。

　社会的孤立や疎外に関しては，これまで fMRI 研究で比較的多く検証が試みられており，実際に排除された者と同様の社会的苦痛をコンピューター上で再現する実験タスクもある（Zadro et al., 2004）。Onoda ら（2009）による社会的苦痛をコンピューター上で再現した実験において，社会的孤立に伴う心の痛みは背側前帯状回および腹側前帯状回における脳活動と中程度の正の相関が認められた（**図 4-3; 1-5 節**も参照）。一方，社会的孤立による心の痛みは，気遣いのある感情的支援を受けることで左外側および内側前頭前野（**図 0-2 参照**）と側頭葉領域の脳活動が増加し，否定的な感情が抑止された。さらに，感情的支援によって心の痛みが顕著に減少した者は腹側前帯状回の脳活動が低下した。

　したがって，社会的孤立を招くような者は心的な痛みを感じやすいことを示している反面，感情的支援を適切に受けることで心的な苦痛が緩和されることも明らかになった（**8-4 節**参照）。一人ひとりがかけがえのない存在と

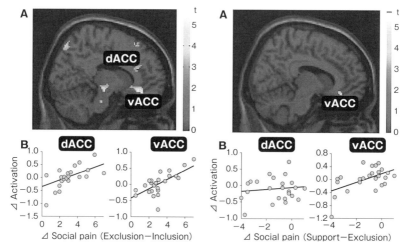

図 4-3　社会的孤立は否定的感情だけでなく社会的苦痛も惹起する

〔注〕実験的に社会的孤立の状況を再現する方法としてサイバーボール課題（図 8-2 参照）があるが，孤立時の主観的な心の痛みは，背側前帯状回（dACC）および腹側前帯状回（vACC）活動の増加と正の相関があった（左図）。したがって，PMDD 患者が陥りやすい社会的孤立や他者から理解されないことによる心的な苦痛は，脳内で同様の現象が生じている可能性がある。一方，心の痛みを示す腹側前帯状回の脳活動は，感情的支援を受けることによって低下し，心の痛みと腹側前帯状回（vACC）の活動で正の相関（心の痛みが減れば，vACC の活動も減る）が確認された（右図）。感情的支援を適切に行うことで心的な痛みが緩和されることを示唆している。

〔略語等〕dACC：背側前帯状回，vACC：腹側前帯状回，Activation：脳活動，Social pain：社会的苦痛，Exclusion：除外，Incusion：包含，Support：支援。

〔文献〕Onoda et al.（2009）

して大切にされ，すべての人が幸せになることを社会全体で支え合いながら，寛容であることの重要性を示している。

 まとめ

・キーワード

　性差（gender difference）

月経痛（menstrual pain）

先制鎮痛法（preemptive analgesia）

- 痛みの受容には性差があり，女性は男性と比較して痛覚感受性が高く，かつ痛み反応が顕著である。
- 女性の痛覚感受性は性腺ホルモンの影響を受けることによって，月経周期で変化する。
- 月経周期のなかで，黄体期は痛覚感受性が高まることから痛みを感じやすい反面，卵胞期では痛みを感じにくい。
- 月経周期にまつわるネガティブな問題としては，月経困難症や月経前症候群，月経前不快症候群などがある。
- 月経前不快症候群では月経周期に依存した著しい人格変化を来すことから，社会的に孤立し，より症状の悪化を招く恐れもある。
- 慢性痛の鎮痛薬としても使用される選択的セロトニン再取込み阻害薬を黄体期に間歇的に低用量投与することで緩和効果が得られる。

⚡ 引用文献 ⚡

Andréen, L., Nyberg, S., Turkmen, S., van Wingen, G., Fernández, G., & Bäckström, T. (2009). Sex steroid induced negative mood may be explained by the paradoxical effect mediated by GABA$_A$ modulators. *Psychoneuroendocrinology, 34*(8), 1121–1132.

Bajaj, P., Bajaj, P., Madsen, H., & Arendt-Nielsen, L. (2002). A comparison of modality-specific somatosensory changes during menstruation in dysmenorrheic and nondysmenorrheic women. *Clinical Journal of Pain, 18*(3), 180–190.

Bartley, E. J., & Fillingim, R. B. (2013). Sex differences in pain: A brief review of clinical and experimental findings. *British Journal of Anaesthesia, 111*(1), 52–58.

Enck, P., & Klosterhalfen, S. (2019). Does sex/gender play a role in placebo and nocebo effects? Conflicting evidence from clinical trials and experimental studies. *Frontiers in Neuroscience, 13*, 160.

Fillingim, R. B., King, C. D., Ribeiro-Dasilva, M. C., Rahim-Williams, B., & Riley, J. L., 3rd (2009). Sex, gender, and pain: A review of recent clinical and experimental findings. *Journal of Pain, 10*(5), 447–485.

Fillingim, R. B., Maixner, W., Girdler, S. S., Light, K. C., Harris, M. B., Sheps, D. S., & Mason, G. A. (1997). Ischemic but not thermal pain sensitivity varies across the menstrual cycle.

Psychosomatic Medicine, 59(5), 512–520.

Fillingim, R. B., & Ness, T. J. (2000). Sex-related hormonal influences on pain and analgesic responses. *Neuroscience and Biobehavioral Reviews, 24*(4), 485–501.

Iacovides, S., Avidon, I., & Baker, F. C. (2015). Does pain vary across the menstrual cycle? A review. *European Journal of Pain* (London, England), *19*(10), 1389–1405.

Jabbour, H. N., Sales, K. J., Smith, O. P., Battersby, S., & Boddy, S. C. (2006). Prostaglandin receptors are mediators of vascular function in endometrial pathologies. *Molecular and Cellular Endocrinology, 252*(1–2), 191–200.

Kakeda, T., Takani, K., Takaoka, K., Tanaka, N., & Ogino, Y. (2019). Changes of heat pain sensitivity during the menstrual cycle in Japanese young adults: A randomized trial. *Pain Research, 34*, 304–311.

加藤裕子（2019）．性知識イミダス：月経のメカニズムを知ろう．情報・知識＆オピニオン imidas．https://imidas.jp/seichishiki/2/?article_id=l-88-005-19-12-g241（2022 年 12 月 7 日アクセス）

Keogh, E., Hamid, R., Hamid, S., & Ellery, D. (2004). Investigating the effect of anxiety sensitivity, gender and negative interpretative bias on the perception of chest pain. *Pain, 111*(1–2), 209–217.

Kvachadze, I., Tsagareli, M. G., & Dumbadze, Z. (2015). An overview of ethnic and gender differences in pain sensation. *Georgian Medical News*, (238), 102–108.

Landén, M., Nissbrandt, H., Allgulander, C., Sörvik, K., Ysander, C., & Eriksson, E. (2007). Placebo-controlled trial comparing intermittent and continuous paroxetine in premenstrual dysphoric disorder. *Neuropsychopharmacology: Official Publication of the American College of Neuropsychopharmacology, 32*(1), 153–161.

Lovick, T. (2013). SSRIs and the female brain--potential for utilizing steroid-stimulating properties to treat menstrual cycle-linked dysphorias. *Journal of Psychopharmacology* (Oxford, England), *27*(12), 1180–1185.

Lusk, B. R., Carr, A. R., Ranson, V. A., & Felmingham, K. L. (2017). Women in the midluteal phase of the menstrual cycle have difficulty suppressing the processing of negative emotional stimuli: An event-related potential study. *Cognitive, Affective & Behavioral Neuroscience, 17*(4), 886–903.

Marrocco, J., & McEwen, B. S. (2016). Sex in the brain: Hormones and sex differences. *Dialogues in Clinical Neuroscience, 18*(4), 373–383.

Monteleone, P., Luisi, S., Tonetti, A., Bernardi, F., Genazzani, A. D., Luisi, M., … Genazzani, A. R. (2000). Allopregnanolone concentrations and premenstrual syndrome. *European Journal of Endocrinology, 142*(3), 269–273.

Onoda, K., Okamoto, Y., Nakashima, K., Nittono, H., Ura, M., & Yamawaki, S. (2009). Decreased ventral anterior cingulate cortex activity is associated with reduced social pain during emotional support. *Social Neuroscience, 4*(5), 443–454.

Payne, L. A., Seidman, L. C., Sim, M. S., Rapkin, A. J., Naliboff, B. D., & Zeltzer, L. K. (2019). Experimental evaluation of central pain processes in young women with primary dysmenorrhea. *Pain, 160*(6), 1421–1430.

Pieretti, S., Di Giannuario, A., Di Giovannandrea, R., Marzoli, F., Piccaro, G., Minosi, P., & Aloisi,

A. M. (2016). Gender differences in pain and its relief. *Annali dell'Istituto Superiore di Sanità, 52*(2), 184–189.

Piroli, A., Mattei, A., Carta, G., D'Alfonso, A., Palermo, P., Marinangeli, F., … Paladini, A. (2019). Influence of the menstrual cycle phase on pain perception and analgesic requirements in young women undergoing gynecological laparoscopy. *Pain Practice: The Official Journal of World Institute of Pain, 19*(2), 140–148.

Pogatzki-Zahn, E. M., Drescher, C., Englbrecht, J. S., Klein, T., Magerl, W., & Zahn, P. K. (2019). Progesterone relates to enhanced incisional acute pain and pinprick hyperalgesia in the luteal phase of female volunteers. *Pain, 160*(8), 1781–1793.

Riley, J. L., 3rd, Robinson, M. E., Wise, E. A., & Price, D. (1999). A meta-analytic review of pain perception across the menstrual cycle. *Pain, 81*(3), 225–235.

Ring, C., Veldhuijzen van Zanten, J. J., & Kavussanu, M. (2009). Effects of sex, phase of the menstrual cycle and gonadal hormones on pain in healthy humans. *Biological Psychology, 81*(3), 189–191.

Sorge, R. E., Mapplebeck, J. C., Rosen, S., Beggs, S., Taves, S., Alexander, J. K., … Mogil, J. S. (2015). Different immune cells mediate mechanical pain hypersensitivity in male and female mice. *Nature Neuroscience, 18*(8), 1081–1083.

Steinberg, A. C., Schimpf, M. O., White, A. B., Mathews, C., Ellington, D. R., Jeppson, P., … Murphy, M. (2017). Preemptive analgesia for postoperative hysterectomy pain control: Systematic review and clinical practice guidelines. *American Journal of Obstetrics and Gynecology, 217*(3), 303–313.e6.

Sundström-Poromaa, I., Comasco, E., Sumner, R., & Luders, E. (2020). Progesterone: Friend or foe?. *Frontiers in Neuroendocrinology, 59*, 100856.

Taumberger, N., Schütz, A. M., Jeitler, K., Siebenhofer, A., Simonis, H., Bornemann-Cimenti, H., … Tamussino, K. (2022). Preemptive local analgesia at vaginal hysterectomy: A systematic review. *International Urogynecology Journal, 33*(9), 2357–2366.

Veith, J. L., Anderson, J., Slade, S. A., Thompson, P., Laugel, G. R., & Getzlaf, S. (1984). Plasma beta-endorphin, pain thresholds and anxiety levels across the human menstrual cycle. *Physiology & Behavior, 32*(1), 31–34.

Viana, E., da Silva, S. B., & de Sousa, M. B. (2005). Perception of ischemic and pressing pain in young women during menstrual cycle: Association with humor and cortisol levels. *Acta Cirurgica Brasileira, 20 Suppl 1*, 220–226.

Woolf, C. J. (1983). Evidence for a central component of post-injury pain hypersensitivity. *Nature, 306*(5944), 686–688.

Zadro, L., Williams, K. D., & Richardson, R. (2004). How low can you go? Ostracism by a computer is sufficient to lower self-reported levels of belonging, control, self-esteem, and meaningful existence. *Journal of Experimental Social Psychology, 40*, 560–567.

Wiech, K., Farias, M., Kahane, G., Shackel, N., Tiede, W., & Tracey, I. (2008). An fMRI study measuring analgesia enhanced by religion as a belief system. *Pain, 139*, 467–476.

Zaki, J., Wager, T. D., Singer, T., Keysers, C., & Gazzola, V. (2016). The anatomy of suffering: Understanding the relationship between nociceptive and empathic pain. *Trends in Cognitive Sciences, 20*, 249–259.

5章

新生児の痛みへの理解とその影響

掛田　崇寛

⚡5-1⚡
新生児の痛みの把握

　痛みは主観的な感覚・感情であるが，新生児や乳幼児は受容した痛みを言語的に他者へ伝えることができず，その苦痛から回避することもできない。そのため，こうした対象においては啼泣^{ていきゅう}時間や顔面表情変化，身体動作，心拍数の変動，ストレスホルモンの分泌などの痛みに関連した反応をもとに痛みを評価する（Bellieni, 2012）。このため，非言語的に痛みを表現する対象では痛みに関する感覚や感情の評価が難しい。国際疼痛学会は痛みの定義を近年改訂し（Raja et al., 2020），付帯項目も新たに添えられたが，その⑥には次のように示されている（1-2 節参照）。

【2020 年版の痛みの定義（国際疼痛学会）の付帯項目】
　⑥自己申告のみが唯一の痛み評価法だからこそ，意思疎通不可能な人間や動物の痛みを否定してはならない。

　すなわち，新生児や乳幼児では知覚した痛みを他者に言語的に表現することはできないが，決して痛みを感じていないのではなく，痛みの評価を他者に委ねざるを得ないのである。過去には新生児の痛覚の伝達経路が未熟であることから痛みを感じないと考えられていた時期があり（Schechter et al., 1986），実際に手術中でさえ鎮痛対応が行われないこともあった（de Lima et al., 1996）。一方，今日では生後間もない児では痛覚感受性が逆に高いこ

とも分かってきており，疼痛管理の重要性がより認識されている。したがって，医療従事者は，より慎重に，かつ丁寧に，こうした自ら痛みを伝えることができない対象の鎮痛を主導していく立場にある。

⚡ 5-2 ⚡
新生児の痛覚伝達

　新生児は成人に比して痛みに脆弱であり，その影響を受けやすい（図5-1；Goksan et al., 2015）。新生児動物モデルを用いた基礎研究では，生後早期の外科的切開に伴う痛みの求心性入力の増加によって，未成熟な脊髄後角でもグルタミン酸によるシグナル伝達が増強される。また，未成熟な表在性脊髄後角においては興奮性シナプス伝達が促進される反面，抑制性シナプス伝達

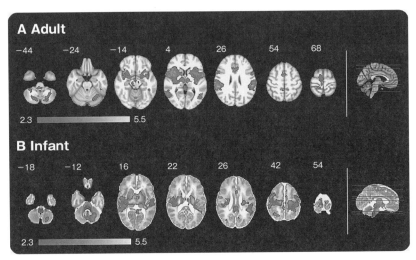

図5-1　成人と乳児の痛みの受容に伴う痛み関連脳領域の活動
〔注〕機能的磁気共鳴画像法（fMRI）を用いて，成人（上段AのAdult）と乳児（下段BのInfant）における痛覚受容時の痛み関連脳領域の活動を示したものである。脳内の強調領域はいずれも痛みに関連する脳活動が盛んな部位を示している。刺激強度が異なるものの，乳児では成人よりも痛覚感受性が高いことが示唆される。
〔文献〕Goksan et al.（2015）

は促進されない（Li et al., 2009）。つまり，痛みの影響を受けやすい原因と
しては，痛覚伝達と内因性の下行性疼痛調節系の成熟度が関与しているもの
と考えられる。人の痛覚伝導経路に関しては，おおむね胎生 25〜30 週あた
りには確立されているとされ（Lee et al., 2005; Simons & Tibboel, 2006），
生後から痛みを知覚できる。また，機能的磁気共鳴画像（fMRI）を用いた
研究においても，成人を対象に判明している痛み関連脳領域の結果（Tracey
& Mantyh, 2007）と同様，乳幼児の痛み関連脳領域の活動が成人と類似し
ていることが明らかにされている（図 5-2; Goksan et al., 2015, 2018）。

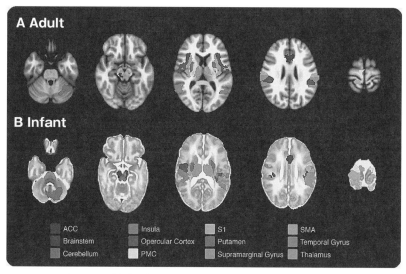

図 5-2　成人と乳児の痛覚受容における脳内機構【口絵参照】

〔注〕痛覚受容時の成人（上段 A の Adult）と乳児（下段 B の Infant）の痛み関連脳
　領域の活動の脳局在部位をそれぞれ示したものである。成人と乳児では痛覚受容に
　伴う脳活動は近似しており，脳画像上では成人と乳児でおおむね双方とも同じ脳局
　在部位が痛みの受容に活性化していることが明らかになっている。
〔略語等〕ACC：前帯状回，Brainstem：脳幹，Cerebellum：小脳，Insula：島，
　Opercular Cortex：弁蓋皮質，PMC：一次運動野，S1：第一次体性感覚野，
　Putamen：被殻，Supramarginal Gyrus：縁上回，SMA：補足運動野，Temporal
　Gyrus：側頭回，Thalamus：視床。
〔文献〕Goksan et al.（2015）

一方，乳児では成人と異なり，扁桃体（恐怖感情を表す）と眼窩前頭前野（orbital PFC）の部位では痛みに伴う脳活動が確認されなかった（Goksan et al., 2015）。また，乳児では痛みに関する期待や動機，文脈といった脳内処理が観察されなかったという別の報告がある（Duff et al., 2020）。成人における痛みの脳内処理に扁桃体や前頭前野（PFC：図0-2参照）が本来的に関与する（3-2節と9-4節参照）ことからも，乳児における痛みの脳内処理機能に関しては成熟途上であることが分かる。

　さらには，内因性痛覚調節機構として痛みを感じにくくする働きを持つ下行性抑制系の機能に関しても，出生当初は未成熟なままで，侵害受容入力の抑制はされにくい状態が続くことからも，痛みの影響を受けやすい（Beggs et al., 2002; Hathway et al., 2006, 2009）。また，出生早期の外科的損傷による痛み体験は痛覚感受性が亢進する恐れがあるとともに，下行性疼痛調節系にも関連がある延髄腹内側部の成熟および機能を減弱させる可能性（Walker et al., 2015, 2009）や，発達における重要な時期に損傷や過剰な痛みの入力が及ぶことにより，その影響が永続的に続く可能性さえ指摘されている（Denk et al., 2014; Hathway et al., 2009）。

⚡ 5-3 ⚡
痛みによる神経適応性

　痛みは本来，有害な刺激や危険から身を守るために警告信号の役割を担っている。また，痛覚伝達経路の確立にはその感覚入力の体験・学習は必要とせずに侵害受容を伝達することができるが，むしろ組織や神経損傷に伴う痛みの暴露に頻回にさらされることで神経系に長期的な影響を残す可能性が示唆されている（Brewer & Baccei, 2020; 9-2節参照）。

　これに対して，痛みと同じ感覚器系である視覚や聴覚は，当該神経系の成熟や正常な機能的発達を遂げていくうえで，それぞれの感覚入力を必要とする。これらが意味するのは，元来，痛覚に関係する受容器や神経系は発生学的に原始的で，かつ未分化な性質を有しているということである。そのため，損傷や炎症の持続，頻繁な痛みの受容は神経適応性（plasticity: 本書で

は可塑性を適応性と呼んでおり，その理由は 9-3 節参照）と呼ばれる変化を生じやすい（Woolf & Salter, 2000）。適応性（可塑性）とは，もともとある形や機能が外部からの刺激や圧力によって変化し，その状態が維持されることを意味する。したがって，痛みの持続的入力は神経回路網における適応的（可塑的）変化を生じさせて，通常では痛みとして知覚するレベルでない刺激に対しても痛みとして感じる痛覚過敏や，痛みの発生となる器質的原因にないにもかかわらず痛みを感じるアロディニア（allodynia, 異痛症）という病態を発症する患者もいる。

⚡ 5-4 ⚡
新生児の痛みの指標としての精神性発汗量

　新生児の痛みに対する客観的な評価方法は，現時点で絶対的な評価指標があるわけではない。日本新生児看護学会では信頼性と妥当性が確認されている，NIPS（Neonatal Infant Pain Scale: Lawrence et al., 1993）や PIPP-R（Premature Infant Pain Profile-Revised: Stevens et al., 2014）などの評価尺度の使用を推奨している（日本新生児看護学会，2020）。

　こうした尺度は生理学的指標と行動学的指標を組み合わせたものであるが，臨床では対象児の状況に応じて使用尺度を選択する。そのうえで，筆者らは新生児の痛みを簡便に，かつ客観的に評価可能な指標について検討するため，精神性発汗に着目した。

　そもそも精神性発汗は，体温調節に関わる温熱性発汗とは異なり，交感神経性発汗反応として侵害受容や精神的緊張，ストレスなどによって生じる一過性の発汗反応である。また，温熱性発汗とは異なり，精神性発汗は同じ汗腺から分泌される発汗現象であるにもかかわらず，手掌部および足底部といった限定された部位でのみ観察される。さらに，精神性発汗は大脳皮質前頭前野（PFC：図 0-2 参照）や辺縁系，視床下部などが発汗機序に関与するのに対して，温熱性発汗は視床下部の体温調節中枢の支配を受ける。なお，精神性発汗は，メディアなどでも目にするポリグラフ（通称は嘘発見器）に応用されている発汗現象と同じものである。

⚡ 5-5 ⚡
精神性発汗現象と計測

　精神性発汗は，手掌や足底といった限局部位に測定用プローブを装着し，体表面から微量に分泌される発汗を計測する。また，この精神性発汗現象は電気的に捉えることも可能であり，これらを総じて皮膚電気活動という。皮膚電気活動の測定方法は通電法と電位法に分類され，一般的に臨床で用いられるのは皮膚コンダクタンス法や皮膚抵抗法といった通電法が多い。実際，新生児や早産児の痛み反応を，通電法による測定で皮膚電気活動を評価する研究はこれまでも多くある（Gendras et al., 2021; Walas et al., 2022）。しかし，通電法は計測時に皮膚上に微弱ながら直流電流を流す必要がある。これに対して，精神性発汗の計測は体表面から微量に分泌され，気化してくる発汗量そのものを計測する。

　したがって，同一現象を捉えていることには変わりはないが，測定上の身体への負担がないことから精神性発汗の計測のほうが望ましい。筆者らが調べた限り，精神性発汗の計測を新生児の痛みの客観的指標に応用を試みた研究は2018年当時見当たらなかったので，精神性発汗の計測が新生児で実施可能なよう，測定用プローブの小型改良を行った（図5-3）。

⚡ 5-6 ⚡
精神性発汗の計測手法と痛み反応

　筆者らの研究（Kakeda et al., 2018）においては，生後4日目の正期産（妊娠37〜41週での出産）新生児5名（2673±276.1 g）を対象として，日本の全新生児に実施される先天性代謝異常等検査の際の痛み反応を精神性発汗で観察した。この検査では，踵穿刺による採血（ガスリー採血）が行われる。発汗計測は，新生児の手掌部に測定用プローブを用手的に（手を使って）密着させて測定している（図5-3）。その結果，図5-4に示したように，新生児の精神性発汗は微量ながらも，踵穿刺前に比べて穿刺後に有意な発汗量の

増加が確認された（$p<0.05$）。つまり，生後間もない新生児の客観的な痛みの評価として，精神性発汗の計測は簡便かつ非侵襲的に応用可能なパラメーターになり得ることを示した。

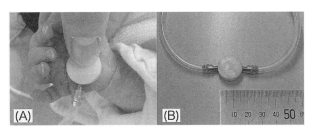

図5-3　新生児の手掌部と小型改良した測定用プローブ【口絵参照】
〔注〕新生児の手掌部面積は小さいだけでなく，生後間もないことから軽度湿潤しており，剝がれかけた状態の皮膚の表皮も付着していることからも非常に脆弱である（A）。そのため，まずは測定用プローブを改良して直径17 mm，厚さ5 mm程度まで小型化した（B）。また，発汗計測時は新生児の手掌部にプローブを用手的に密着させた。
〔文献〕Kakeda et al.（2018）

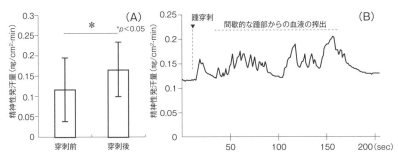

図5-4　穿刺前後の精神性発汗量の変動
〔注〕踵穿刺後では穿刺前に比べて精神性発汗量の有意な増加が認められた（A）。また，右側の図（B）は特徴的な対象者1名のデータであるが，採血に従事した助産師は先天代謝異常検査に必要な血液検体量を確保するために新生児の踵部を採取完了に至るまで搾る動作をしていた。穿刺直後の瞬発的な発汗量の増加は穿刺に対する痛み反応と捉えることができるが，興味深いことに，検体採取までの間，発汗が持続また分泌増加を伴っていた。すなわち，現時点では推測の域は脱しないものの，検体量確保のために踵から血液を搾る行為は新生児にとっては穿刺時の痛みと同様，またはそれ以上に痛みを惹起させる可能性がある。
〔文献〕Kakeda et al.（2018）

⚡ 5-7 ⚡
新生児の出生早期の痛みへの暴露と長期的な影響

　近年，医療の高度化や未熟児医療の発展によって以前であれば救えなかった児が救命されるようになった。これは有史以来の人類にとって極めて重要なことであり，かけがえのない命を尊ぶ普遍的な観点からもこの上ない喜びである。

　一方で，先天性疾患や何らかの治療が必要な児の場合，出生直後から侵襲を伴う処置や周囲組織の炎症などによって，痛みの感覚入力が頻回に及ぶことになる。事実，早産児や合併症を抱えた児では，新生児集中治療室において1日平均14回程度の痛みを伴う処置を受けているとされており，そうした処置に対する鎮痛処置を受けている児は39.7%にとどまっていたという報告もある（Simons et al., 2003）。特に，極早産児（妊娠28〜31週での出産）は身体的機能が極めて未熟であるうえに，生命維持管理のために長期間に及ぶ集中治療や手術，穿刺や注射，点滴などの処置も要することから，必然的に多くの痛み体験をすることになる（Burnett et al., 2018）。

　最近では，痛みが新生児の脳の構造や機能に与える影響についても明らかにされてきている。妊娠24〜32週で生まれた超早産児を対象に行われた研究では，生後早期の痛みへの暴露によって視床の成長遅延を招きやすく，その影響は超低出生体重児（出生体重1000 g未満）で最も顕著であった（Duerden et al., 2018）。また，超早産児が出生早期に繰り返し医療処置の痛みに暴露されると体性感覚野の体積が限局的に減少することからも，体性感覚処理に関与する領域の成熟さえ阻害される恐れがある。同様に，痛みを伴う組織破壊処置への早期暴露は，脳白質および皮質下灰白質の成熟度の低下も認められた（Brummelte et al., 2012）。

　したがって，特に超早産児や極早産児では，生後早期における頻回にわたる痛みの暴露により，神経系の発達，体性感覚機能とその調節，脳の構造とコネクティビティ（解剖学的・機能的つながり）といった生物学的因子に加えて，児の対応や気分，親の反応といった心理社会学的因子にも影響が及ぶ

(Walker, 2019)。さらに，生後早期の痛みを伴う体験は下行性疼痛調節系の機能に異常を来し，痛みの中枢への入力促進を引き起こすといった，痛みに対する脆弱性を生じさせ，長期的には慢性痛にも発展するほか（Denk et al., 2014），新生児集中治療室入室および低出生体重児では成人期でのうつ病発症にも関連することが明らかにされている（Mallen et al., 2008）。

⚡ 5–8 ⚡
難治性の疼痛がもたらすさらなる弊害

　痛みによる破局的思考による恐怖−回避モデルがある（図5-5: Leeuw et al., 2007）。通常，神経や組織の損傷は痛み体験を伴うが，その痛みが脅威ではないと認識され，向き合うことができれば軽快する（図9-4参照）。これに対して，否定的な感情や不要な疾患情報によって痛みに対する誤った解釈

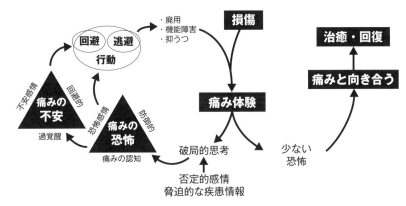

図5-5　痛みの恐怖−回避モデル

〔注〕通常，神経や組織の損傷は痛み体験を伴うが，急性の痛みで脅威ではないと認識され，向き合うことができれば軽快する。これに対して，否定的な感情や不要な疾患情報によって破局的思考が惹起されると，痛みにとらわれて，その関連した恐怖や不安によって過剰な回避行動を助長し，新たに廃用や機能障害，抑うつを併発する。この負のスパイラルは，さらなる痛みの破局的思考の強化と悪循環を招く。左側は「痛みの悪循環」（図9-1参照），右側は「治癒への好循環」（図9-5参照）とも読み取れる。

〔文献〕Leeuw et al.（2007）

がされ，破局的思考が惹起されると，続発的に痛みに関連した恐怖や不安を感じるようになる。また，それらに対する予防的行動や防御的行動は過度な回避行動を招き，廃用や機能障害，抑うつを新たに併発する。これにより，痛みの破局的思考がさらに強化されるとともに，痛みの悪循環に至る。その結果，下行性疼痛調節系機能の変調を来し，その抑制系機能が減弱することで痛みの過敏状態を招き，痛覚変調性疼痛へと移行してしまう（図1-7参照）。新生児や乳幼児においては，こうした難治性疼痛がもたらす感情回路の未成熟，それと上述してきたような痛覚抑制伝導路の未成熟とが相まることにより，成人よりも，より細やかな痛みの評価と鎮痛処置を講じていくことが重要である。このことは，医療に携わるすべての職種で共有していく必要のある課題ともいえる。

 まとめ

- キーワード：
    精神性発汗（emotional sweating）
    新生児（newborn）
    客観的痛覚指標（objective pain index）
- 新生児の痛みは言語的に他者へ伝えることが困難なことから，医療従事者が慎重に痛みの評価を行うとともに，積極的な鎮痛対応に寄与する必要がある。
- 新生児の痛覚伝達経路は在胎時にほぼ確立し，生後間もなく伝達機能を発揮できる反面，痛覚の抑制系機能は未熟であることから痛みの影響を受けやすい。
- 精神性発汗は新生児の痛みのモニタリングおよび客観的評価に有用である。
- 生後間もなく激しい痛みや反復する痛み体験をした児では，一時的に痛みを感じるという感覚的な知覚にとどまらず，脳の発達や神経系の変調，行動異常やうつ病などの精神疾患の発症にも関係があり，その影響は長期的

と捉える必要がある。

⚡ 引用文献 ⚡

Beggs, S., Torsney, C., Drew, L. J., & Fitzgerald, M. (2002). The postnatal reorganization of primary afferent input and dorsal horn cell receptive fields in the rat spinal cord is an activity-dependent process. *European Journal of Neuroscience, 16*(7), 1249–1258.

Bellieni C. V. (2012). Pain assessment in human fetus and infants. *AAPS Journal, 14*(3), 456–461.

Brewer, C. L., & Baccei, M. L. (2020). The development of pain circuits and unique effects of neonatal injury. *Journal of Neural Transmission* (Vienna, Austria: 1996), *127*(4), 467–479.

Brummelte, S., Grunau, R. E., Chau, V., Poskitt, K. J., Brant, R., Vinall, J., … Miller, S. P. (2012). Procedural pain and brain development in premature newborns. *Annals of Neurology, 71*(3), 385–396.

Burnett, A. C., Cheong, J., & Doyle, L. W. (2018). Biological and social influences on the neurodevelopmental outcomes of preterm infants. *Clinics in Perinatology, 45*(3), 485–500.

de Lima, J., Lloyd-Thomas, A. R., Howard, R. F., Sumner, E., & Quinn, T. M. (1996). Infant and neonatal pain: Anaesthetists' perceptions and prescribing patterns. *BMJ* (Clinical research ed.), *313*(7060), 787.

Denk, F., McMahon, S. B., & Tracey, I. (2014). Pain vulnerability: A neurobiological perspective. *Nature Neuroscience, 17*(2), 192–200.

Duerden, E. G., Grunau, R. E., Guo, T., Foong, J., Pearson, A., Au-Young, S., … Miller, S. P. (2018). Early procedural pain is associated with regionally-specific alterations in thalamic development in preterm neonates. *Journal of Neuroscience: The Official Journal of the Society for Neuroscience, 38*(4), 878–886.

Duff, E. P., Moultrie, F., van der Vaart, M., Goksan, S., Abos, A., Fitzgibbon, S. P., … Slater, R. (2020). Inferring pain experience in infants using quantitative whole-brain functional MRI signatures: A cross-sectional, observational study. *Lancet Digital Health, 2*(9), e458–e467.

Gendras, J., Lavenant, P., Sicard-Cras, I., Consigny, M., Misery, L., Anand, K., … Roué, J. M. (2021). The newborn infant parasympathetic evaluation index for acute procedural pain assessment in preterm infants. *Pediatric Research, 89*(7), 1840–1847.

Goksan, S., Baxter, L., Moultrie, F., Duff, E., Hathway, G., Hartley, C., … Slater, R. (2018). The influence of the descending pain modulatory system on infant pain-related brain activity. *eLife, 7*, e37125.

Goksan, S., Hartley, C., Emery, F., Cockrill, N., Poorun, R., Moultrie, F., … Slater, R. (2015). fMRI reveals neural activity overlap between adult and infant pain. *eLife, 4*, e06356.

Hathway, G., Harrop, E., Baccei, M., Walker, S., Moss, A., & Fitzgerald, M. (2006). A postnatal switch in GABAergic control of spinal cutaneous reflexes. *European Journal of Neuroscience, 23*(1), 112–118.

Hathway, G. J., Koch, S., Low, L., & Fitzgerald, M. (2009). The changing balance of brainstem-spinal cord modulation of pain processing over the first weeks of rat postnatal life. *Journal of Physiology, 587*(Pt 12), 2927–2935.

Kakeda, T., Kaneko, K., Takaoka, K., Suzuki-Katayama, S., Tanaka, N., & Ogino, Y. (2018). Practical application of emotional sweating to evaluate procedural pain in full-term newborns. *Pain Research, 33*(3), 225–228.

Lawrence, J., Alcock, D., McGrath, P., Kay, J., MacMurray, S. B., & Dulberg, C. (1993). The development of a tool to assess neonatal pain. *Neonatal Network: NN, 12*(6), 59–66.

Lee, S. J., Ralston, H. J., Drey, E. A., Partridge, J. C., & Rosen, M. A. (2005). Fetal pain: A systematic multidisciplinary review of the evidence. *JAMA, 294*(8), 947–954.

Leeuw, M., Goossens, M. E., Linton, S. J., Crombez, G., Boersma, K., & Vlaeyen, J. W. (2007). The fear-avoidance model of musculoskeletal pain: Current state of scientific evidence. *Journal of Behavioral Medicine, 30*(1), 77–94.

Li, J., Walker, S. M., Fitzgerald, M., & Baccei, M. L. (2009). Activity-dependent modulation of glutamatergic signaling in the developing rat dorsal horn by early tissue injury. *Journal of Neurophysiology, 102*(4), 2208–2219.

Mallen, C., Mottram, S., & Thomas, E. (2008). Birth factors and common mental health problems in young adults: A population-based study in North Staffordshire. *Social Psychiatry and Psychiatric Epidemiology, 43*(4), 325–330.

日本新生児看護学会「NICUに入院している新生児の痛みのケアガイドライン」委員会 (2020). NICUに入院している新生児の痛みのケアガイドライン2020年（改訂）版. https://www.jann.gr.jp/wp-content/uploads/2019/12/16930beed6ecf5a64979bd8837720726.pdf（2022年10月6日閲覧）

Raja, S. N., Carr, D. B., Cohen, M., Finnerup, N. B., Flor, H., Gibson, S., … Vader, K. (2020). The revised International Association for the Study of Pain definition of pain: Concepts, challenges, and compromises. *Pain, 161*(9), 1976–1982.

Schechter, N. L., Allen, D. A., & Hanson, K. (1986). Status of pediatric pain control: A comparison of hospital analgesic usage in children and adults. *Pediatrics, 77*(1), 11–15.

Simons, S. H., van Dijk, M., Anand, K. S., Roofthooft, D., van Lingen, R. A., & Tibboel, D. (2003). Do we still hurt newborn babies? A prospective study of procedural pain and analgesia in neonates. *Archives of Pediatrics & Adolescent Medicine, 157*(11), 1058–1064.

Simons, S. H., & Tibboel, D. (2006). Pain perception development and maturation. *Seminars in Fetal & Neonatal Medicine, 11*(4), 227–231.

Stevens, B. J., Gibbins, S., Yamada, J., Dionne, K., Lee, G., Johnston, C., & Taddio, A. (2014). The premature infant pain profile–revised (PIPP–R): Initial validation and feasibility. *Clinical Journal of Pain, 30*(3), 238–243.

Tracey, I., & Mantyh, P. W. (2007). The cerebral signature for pain perception and its modulation. *Neuron, 55*(3), 377–391.

Walas, W., Halaba, Z. P., Szczapa, T., Latka-Grot, J., Maroszyńska, I., Malinowska, E., … Piotrowski, A. (2022). Procedural pain assessment in infants without analgosedation: Comparison of newborn infant parasympathetic evaluation and skin conductance activity – A pilot study. *Frontiers in Pediatrics, 9*, 746504.

Walker, S. M., Franck, L. S., Fitzgerald, M., Myles, J., Stocks, J., & Marlow, N. (2009). Long-term impact of neonatal intensive care and surgery on somatosensory perception in children born extremely preterm. *Pain, 141* (1–2), 79–87.

Walker, S. M., Fitzgerald, M., & Hathway, G. J. (2015). Surgical injury in the neonatal rat alters the adult pattern of descending modulation from the rostroventral medulla. *Anesthesiology, 122* (6), 1391–1400.

Walker S. M. (2019). Long-term effects of neonatal pain. *Seminars in Fetal & Neonatal Medicine, 24* (4), 101005.

Woolf, C. J., & Salter, M. W. (2000). Neuronal plasticity: increasing the gain in pain. *Science, 288* (5472), 1765–1769.

6章

アロマセラピーは痛みを癒すか

掛田 崇寛

⚡ 6-1 ⚡
アロマセラピーの歴史的経緯

アロマセラピー（aromatherapy）は**芳香療法**として，非薬理学的な痛みの介入方法の１つとして臨床応用が試みられている。なお，介入とは「健康に影響を与える要因，例えば予防や診断，治療のための投薬，検査などの行為」を指す（**7-5 節**参照）。

アロマセラピーという用語は，1928 年にフランス人科学者である Rene-Maurice Gattefosse が最初に使用したとされている（Hoffman, 2006）。そのため，学術的な歴史は比較的浅く，また治療手段としての意義や明確な機序，効果持続時間などの実証すべき課題も多い。

一方，アロマセラピーのもととなる，匂いによる恩恵を利用してきた人類の歴史は古く，古代ギリシャ時代にまで遡る。ただし，当時は入浴時の癒しや気分を変えるための手段や儀式に用いていたようであることから，鎮痛目的での使用とは峻別する必要がある。

日本においても，匂いの活用は嗜好や宗教的儀式の１つとして生活のなかに取り入れられてきた。代表的なものとしては，今日にも通じる，自宅などで個人の好みや気分で香りを楽しむお香や，日本が古来より仏教を崇めてきた経緯から，故人と心を通わせるため，あるいは御仏を前に身を清める意味を込めて線香を焚くというのも日本流の匂いの文化なのかもしれない。ま

た，天下随一の香木として知られる，東大寺正倉院収蔵の黄熟香（別名は<ruby>おうじゅくこう<rt></rt></ruby>蘭奢待）は足利義満公や織田信長公といった時の権力者をも魅了し，彼らがその一部を截香した（削り取った）ことでも知られている。つまり，国内外を通じて，匂いそのものを楽しむことや副次的効果を期待して匂いを嗅ぐこと，さまざまな伝統的な儀式の際に利活用してきた歴史的経緯がある。

そのうえで，アロマセラピーは文字どおり，芳香を治療手段の1つとして位置づけているが，医療機関などで治療を目的に用いるのであれば，臨床的知見の不足からも日本の実臨床での科学的検証とエビデンスの構築が真に必要である。

<h1 style="text-align:center">⚡ 6-2 ⚡
匂い物質の知覚経路</h1>

アロマセラピーに用いられる匂い物質は複数の化学物質で構成される。人体には匂いを嗅ぐことによる吸入のほか，皮膚への直接塗布や入浴時およびマッサージの際の併用によって経皮的に用いられる。このうち，匂い受容までの嗅覚経路について触れておく（図6-1）。

まず，匂い物質は，鼻腔内の嗅上皮表面に存在する一次ニューロンの線毛（嗅覚受容体）へ結合することで，化学信号が電気信号へと変換される。この電気信号は嗅神経を介して篩板を通過した後，頭蓋骨中の嗅球へ伝達される。また，そこで二次ニューロンにシナプスされ，匂いの電気信号は僧房細胞や房飾細胞を通って嗅皮質へ伝達されることで匂いとして知覚される。また，嗅皮質のニューロンは脳内の視床，扁桃体，海馬，前頭前野（PFC：図0-2参照）などへ広く線維連絡を有しており，痛み同様，匂いの脳内ネットワークを構築している。

したがって，匂いの知覚に応じて，血圧や心拍などの自律神経系，抗ストレスホルモンなどの内分泌系，快または不快といった情動系（情動と感情の違いは図1-3参照），記憶にも影響する。

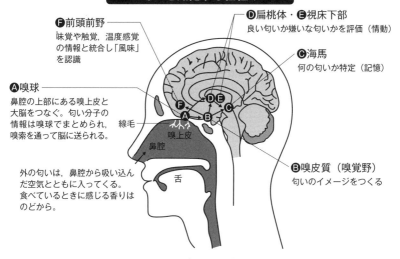

匂いを知覚する仕組み

ⓕ前頭前野
味覚や触覚，温度感覚
の情報と統合し「風味」
を認識

ⓓ扁桃体・ⓔ視床下部
良い匂いか嫌いな匂いかを評価（情動）

ⓒ海馬
何の匂いか特定（記憶）

ⓐ嗅球
鼻腔の上部にある嗅上皮と
大脳をつなぐ。匂い分子の
情報は嗅球でまとめられ，
嗅索を通って脳に送られる。

線毛

嗅上皮

鼻腔

外の匂いは，鼻腔から吸い込ん
だ空気とともに入ってくる。
食べているときに感じる香りは
のどから。

舌

ⓑ嗅皮質（嗅覚野）
匂いのイメージをつくる

図 6-1　匂いの伝達経路

〔注〕鼻腔内の線毛から脳内への伝達経路を示す。鼻から脳へ伝わる嗅覚の仕組みは
　　長い間謎であって，「匂いがする物質」が実は分子であることが分かったのは，
　　2004 年のノーベル医学生理学賞「匂い受容体遺伝子の発見」（もとは 1991 年の
　　Cell 誌に掲載された論文）と，意外と最近のことである。匂いは強く感情/情動
　　（感情と情動の違いは図 1-3 参照）揺さぶり，その記憶とは密接に結びついてお
　　り，匂いから埋もれていた記憶が甦るといった経験は誰しも持っているだろう。
〔文献〕東原（2020）をもとに著者作成。

⚡6-3⚡
アロマセラピーの精油の用途

　アロマセラピーの精油は植物由来のものであり，花やハーブ，樹皮，根な
どをもとに成分を抽出・精製される。また，アロマセラピーに用いられる精
油の薬理作用については検証が進められており，例えば，柑橘系精油の主要
成分であるリモネンは痛みの増強に関与する一酸化窒素やプロスタグランジ
ン E2，炎症性サイトカインの産生に対する抗炎症作用を有する（de Cássia
da Silveira E Sá et al., 2017）。また，同じ柑橘系のレモンアロマの匂いは，

その受容を契機にドーパミン放出を促進させることも基礎研究の結果で明らかにされている（Ikeda et al., 2014）。

つまり，アロマセラピーで用いる精油に関しては，意図する用途に応じて，該当する薬効の精油を選択する必要がある。また，アロマセラピーは単独ではなく，臨床的にはマッサージと組み合わせてボディーオイルなどに添加して使用される場合もある。こうした組み合わせによる介入は，匂いとマッサージによる相乗効果によって痛みの緩和に寄与するものと思われる（7章参照）。

また，アロマセラピーに関しては植物由来で有害事象の発生がほとんどないとされることから，臨床応用を考慮するうえで有利な点である。ただし，残念ながら，日本においては過去にアロマ精油の不適切な使用によって接触性皮膚障害などの健康被害に関するトラブルが頻発した時期があったことから，取り扱いには注意したい。

⚡ 6-4 ⚡
疼痛緩和を目的としたアロマセラピーの応用

アロマセラピーによる人の痛みへの効果は，その使用によって定常的に効果が得られるとはいえず，鎮痛効果の発現にバラツキがある。実際，痛みに対するアロマセラピーによる鎮痛効果をシステマティックレビューおよびメタ分析によって解析した結果，すべての痛みに対して効果が期待できるということではない。

Lee ら（2018）は，PubMed や AMED，EMBASE，Cochrane Library に，韓国語の医学データベースも加えて合計11のデータベース，17本の無作為化比較試験の論文をもとにシステマティックレビューを行い，アロマセラピーの有効性を検討している。その結果，アロマセラピーによる一次性月経困難症の痛みに対する抑制効果は，プラセボに比して疼痛緩和の有効性（効果推定値）が中等度あったことを報告した。

また，Lakhan ら（2016）は，PubMed や Science Direct，Cochrane Library のデータベースを用いて，計12件の論文をもとに，アロマセラピーによる

疼痛管理への臨床応用についてメタ分析を行った。その結果，アロマセラピーは炎症性疼痛よりも侵害受容性疼痛，慢性痛よりも急性痛に対して有効であった。

　さらに，臨床応用としては周術期（手術の前後を含めた期間）の術後痛や産科および婦人科関連の痛みに対して効果が確認された（Lakhan et al., 2016）。最近報告された，無作為化比較試験で検証されたアロマセラピーによる痛みへの効果に関するシステマティックレビュー（Freeman et al., 2019）においても，月経痛に伴う急性痛に対する効果が認められている反面，慢性痛や終末期患者の痛みに対する効果の実証には至っていない。

　今日でもさまざま臨床場面や診療分野で痛みに対するアロマセラピーの応用に向けた検討がされているが，アロマセラピーの有効性は痛み全般ではない。すなわち，現時点でエビデンス（科学的・統計学的証拠）として裏づけられていることとしては，一次性月経困難症に伴う月経痛を含む産科および婦人科関連の痛みと周術期患者の創部痛のような急性痛に対して臨床応用が可能ということになる。ただし，次節から述べるように，難治性の慢性痛に対しても，患者を取り巻く環境改善，痛みの認知改善にアロマセラピーが治療の一環として役立つシーンがある。

⚡ 6–5 ⚡
アロマセラピーによる痛みの感受性変化

　筆者らの研究グループは痛みに対する情動（情動と感情の違いは図1–3参照）の影響を明らかにするために，同一対象者に匂い物質を用いて快情動と不快情動をそれぞれ誘導し，痛みの感受性変化を検証した（Kakeda & Ogino, 2022）。研究は快情動群，不快情動群，対照群の3群で構成した。日本で最も好まれる匂いが柑橘系であることから（河合，2001），快情動群では100％オーガニック由来の柑橘系アロマ精油を用いて誘導した。不快情動群はイソ吉草酸（一般的に汗臭い靴下のニオイと評される，強烈な悪臭を放つ代表的物質）を用いた。対照群には蒸留水を用いた。この3群間において，痛覚刺激に対する痛み反応や心地よさの情動反応に違いがあるか否かを

検証した。

　その結果，痛みの主観的な痛覚強度は同じ痛覚刺激にもかかわらず，快情動下では不快情動下に比べて痛みの強度が有意に低下した（図6-2）。また，匂いに対する主観的心地よさの評価は，不快情動下と比較して快情動下で有意に高かった。したがって，対照群を基点にすると，アロマセラピーで誘導した快情動下では痛みを弱く感じる反面，不快情動下では逆に痛みを強く感じることが示唆された。

⚡ 6-6 ⚡
快・不快情動により痛み感受性が変化する機序

　筆者らの研究ではアロマセラピーを用いて快情動を誘導したが，海外においても心地よい香りによって誘導されたポジティブな快情動下で痛みが抑制されると報告されている（Villemure & Bushnell, 2009）。また，痛みを有する者の痛覚増強には情動が深く関与し（図1-3参照），情動を整えることで痛みの増悪が抑えられる（Apkarian et al., 2011）。

　こうした快情動下での痛覚抑制機序であるが，まずは快情動下における痛みの抑制に関しては脳内報酬系の活性化が関与したものと考える（図1-6参照）。脳内報酬系は中脳の腹側被蓋野から側坐核，内側前頭前野にかけて投射する，ドーパミン作動性の神経系活動のことであり，快情動に伴って活性化される（Hyman et al., 2006）。また，ドーパミン神経系は中脳腹側被蓋野を起点にドーパミン分泌を伴うことで，報酬系の中核である側坐核を活性化して多幸感や快楽をもたらす（Mobbs et al., 2003; O'Doherty et al., 2001）。

　さらに，快情動下では痛みに伴う不快な記憶や感情の制御に関与する前帯状回や前頭前野といった脳領域に働きかけ，痛みに伴う不快感を軽減する（Coghill et al., 2003; Eisenberger & Lieberman, 2004）。実際，筆者らの研究（Kakeda & Ogino, 2022）の全対象者は，研究後に柑橘系アロマの匂いを心地よいと評価し，心地よさの評価値も有意に高かった（図6-2）。つまり，柑橘系アロマセラピーによって惹起された快情動は，対象者の脳内報酬系の活性化およびドーパミン神経系活動，快情動由来の脳内機能の相互連携を介

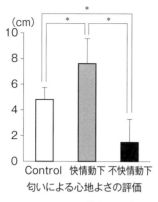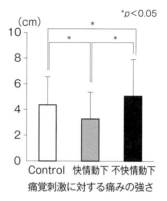

*p<0.05

匂いによる心地よさの評価

痛覚刺激に対する痛みの強さ

図6-2　痛み評価と心地よさの評価

〔注〕対象者はランダムに割り当てられた匂い物質による嗅覚刺激を受けた後，前腕
　　部で疼痛刺激を受けた。その結果，痛覚刺激前に感じた匂いの心地よさの評価で
　　は，よい匂いを嗅いで誘導された快情動下において心地よいと高く評価された（左
　　グラフ）。その後，同一の痛覚刺激にもかかわらず，（よい匂いで誘導された）快情
　　動下では主観的な痛み強度が有意に低く，逆に（嫌な臭いで誘導された）不快情動
　　下では，痛み強度は高まった（右グラフ）。つまり，肯定的な情動下では主観的な
　　痛みの評価は低下しやすく，逆に否定的な情動下では痛みの評価が上昇（悪化）し
　　やすい。

〔文献〕Kakeda & Ogino（2022）

して痛みの受容を抑制した可能性が高い。

　一方，不快情動下の痛覚評価の悪化に関しては，脳内の扁桃体や分界条床
核，前帯状回といったネガティブな感情に関与する部位の活性化が関与して
いる可能性が高い（Deyama et al., 2007; Johansen & Fields, 2004）。扁桃体
は不安や嫌悪といったネガティブな感情を惹起させ，分界条床核（bed
nucleus of the stria terminalis; BNST）は扁桃体や前頭前野とともに負の感
情生成およびその処理において相互連携する（Calhoon & Tye 2015; Costa
et al., 2010; Gao et al., 2004）。BNST は，不安や恐怖に関与する行動を制御
するとされる神経核である。また，扁桃体中心核や前頭前野は下行性抑制系
の起始部である中脳水道周囲灰白質（PAG：図2-9，図3-2参照）とも連
関しており，慢性痛の抑制にも関与している可能性がある（Calhoon et al.,
2015; Carrasquillo & Gereau, 2007; Kucyi et al., 2014）。

さらに，痛みによる嫌悪刺激は不安や恐怖感情を惹起させるとともに，遊離されるノルアドレナリンによって腹側被蓋野におけるドーパミン神経系の働きも抑制する（Kudo et al., 2012）。つまり，イソ吉草酸の悪臭による嫌悪嗅覚刺激で不快情動がより強化され，痛みと匂いの各主観的評価が双方とも悪化したと考えられる（図6-2）。

　したがって，臨床では否定的な心理状態にある患者に遭遇することが珍しくないが，そうした患者では痛みの影響を受けやすく，苦痛を感じやすいことが示唆され，逆に痛みの治療にアロマテラピーを役立てる余地がまだまだ残されているといえよう。

⚡6-7⚡
認識や意味づけによる痛みへの影響

　前述のアロマセラピーに伴う快情動は，主観的なものであることから，当事者から表現していくか，他者が察して（共感して）いかないと分からない。また，個々が持つ認識なども同様である。臨床では，外傷や疾患の罹患に伴って，外観の変化や本来の身体機能が維持できない患者も多い。例えば，浮腫（むくみ）などを生じた患者に対しては，末梢の還流を促すため，また腫脹した部位を審美的に整える意図で看護師が弾性ストッキングなどを活用することがある。ただし，患者にとって本来とは異なる症状の発現や身体変化が生じた場合，同じ痛みであっても痛みの受容が増悪する可能性が常にある（図6-3）。

　一方，自らが感じている痛みを意味づけることができれば，結果的に疼痛管理の改善に寄与できるかもしれない（図6-4）。臨床においては，痛みを有する患者が痛み日記を記録することがある。こうした痛みの記録は痛みの経過が可視化されるだけでなく，痛みの予測や疼痛の変化を把握できるようになるメリットがある。また，感じている痛みを制御できると患者が認識し，生活のなかで痛みの意味づけがされることで疼痛管理がしやすくなる。近年，日本の痛みの臨床においても認知行動療法が応用されるようになってきた。完全に消失させることが困難な痛みに関しては，生活のなかの一部に

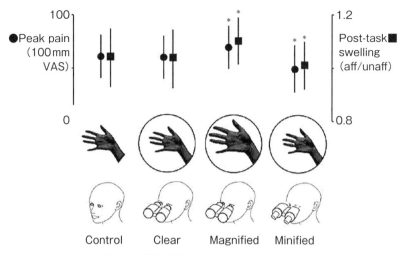

図 6-3　身体の外観変化による痛みへの影響

〔注〕手の様相をレンズによって見え方を変化させながら痛みを受けると，実際より
　　大きく見えている場合は小さく見えているよりも痛みの評価が悪化する。臨床にお
　　いては外傷による欠損や疾患の随伴症状として外観の変化を伴うことも多いが，外
　　観変化は対象者の痛みの評価にも影響する。認識のズレや普段とは違うという感覚
　　も痛みに影響を及ぼす。

〔略語等〕Cotrol：対照群，Clear：鮮明群，Magnified：拡大群，Mnified：縮小群，
　　Peak pain：痛みの強度，Post-task swelling：課題後の腫脹。

〔文献〕Moseley et al.（2012）

　痛みを意味づけることで疼痛管理を好転させられることもある（9-8 節参
照）。顧みると，臨床における治療や侵襲処置の際，医療者は患者に対する
献身的なやり取りや，感情を吐露する患者へは丁寧な応対を行ってきたが，
そうした対応が患者の認識や感情に肯定的に寄与している。

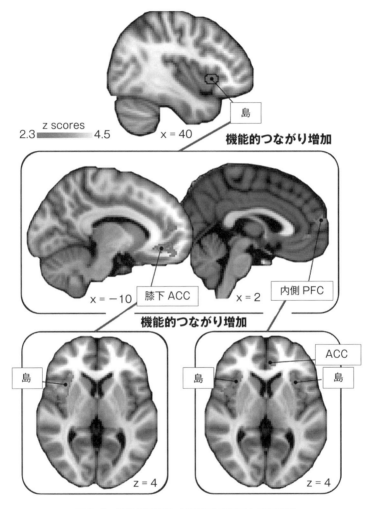

図 6-4　対象者が痛みを制御できることの重要性

〔注〕同じ侵害受容入力を受けているにもかかわらず，制御不可能な痛みの受容下で
　　は，制御可能下と比べて，主観的な痛覚強度の評価が上昇するとともに，島前部と
　　内側 PFC（前頭前野：9-9 節参照）と ACC（前帯状回）の結合性が亢進すること
　　によって痛覚感受性が高まることが示唆された。

〔文献〕Bräscher et al.（2016）

⚡ まとめ ⚡

- キーワード：
  - アロマセラピー（aromatherapy）
  - 快情動（positive emotion）
  - 報酬系（reward network）
- 痛みに対するアロマセラピー（芳香療法）は痛み全般に効果を発揮するのではなく，一次性月経困難症に伴う月経痛と産科および婦人科関連の痛みと周術期の創部痛といった急性痛に対して鎮痛効果がエビデンスとして示されている
- アロマセラピーによって誘導された快情動下では，心地よい匂いの知覚を契機に脳内報酬系の活性化や脳内の快情動に関する脳機能連携を介して痛みの受容が抑止された可能性が高い。
- ネガティブな情動下では負の感情に関係する脳活動部位が活性化することで不快感情が強化され，痛みが増悪する。
- 痛みは常に一定ではなく変化するものであるが，患者の認識や痛みの意味づけを行うことによって疼痛管理を好転できる可能性がある。

⚡ 引用文献 ⚡

Anderson, D. J., & Adolphs, R. (2014). A framework for studying emotions across species. *Cell, 157*(1), 187–200.

Apkarian, V. A., Hashmi, J. A., & Baliki, M. N. (2011). Pain and the brain: Specificity and plasticity of the brain in clinical chronic pain. *Pain, 152*(3 Suppl), S49–S64.

Bräscher, A. K., Becker, S., Hoeppli, M. E., & Schweinhardt, P. (2016). Different brain circuitries mediating controllable and uncontrollable pain. *Journal of Neuroscience, 36*(18), 5013–5025.

Calhoon, G. G., & Tye, K. M. (2015). Resolving the neural circuits of anxiety. *Nature Neuroscience, 18*(10), 1394–1404.

Carrasquillo, Y., & Gereau, R. W., 4th. (2007). Activation of the extracellular signal-regulated kinase in the amygdala modulates pain perception. *Journal of Neuroscience: The Official*

Journal of the Society for Neuroscience, 27(7), 1543–1551.

Coghill, R. C., McHaffie, J. G., & Yen, Y. F. (2003). Neural correlates of interindividual differences in the subjective experience of pain. *Proceedings of the National Academy of Sciences of the United States of America, 100*(14), 8538–8542.

Costa, V. D., Lang, P. J., Sabatinelli, D., Versace, F., & Bradley, M. M. (2010). Emotional imagery: Assessing pleasure and arousal in the brain's reward circuitry. *Human Brain Mapping, 31*(9), 1446–1457.

de Cássia da Silveira E Sá, R., Lima, T. C., da Nóbrega, F. R., de Brito, A., & de Sousa, D. P. (2017). Analgesic-like activity of essential oil constituents: An update. *International Journal of Molecular Sciences, 18*(12), 2392.

Deyama, S., Yamamoto, J., Machida, T., Tanimoto, S., Nakagawa, T., Kaneko, S., ... Minami, M. (2007). Inhibition of glutamatergic transmission by morphine in the basolateral amygdaloid nucleus reduces pain-induced aversion. *Neuroscience Research, 59*(2), 199–204.

Eisenberger, N. I., & Lieberman, M. D. (2004). Why rejection hurts: A common neural alarm system for physical and social pain. *Trends in Cognitive Sciences, 8*(7), 294–300.

Freeman, M., Ayers, C., Peterson, C., & Kansagara, D. (2019). *Aromatherapy and essential oils: A map of the evidence.* Department of Veterans Affairs (US).

Gao, Y. J., Ren, W. H., Zhang, Y. Q., & Zhao, Z. Q. (2004). Contributions of the anterior cingulate cortex and amygdala to pain- and fear-conditioned place avoidance in rats. *Pain, 110*(1–2), 343–353.

Hoffman, C. J. (2006). Aromatherapy. In Micozzi, M. S. (Ed.), *Fundamentals of complementary and integrative medicine* (3rd ed., pp. 209–228). Saunders Elsevier.

Hyman, S. E., Malenka, R. C., & Nestler, E. J. (2006). Neural mechanisms of addiction: The role of reward-related learning and memory. *Annual Review of Neuroscience, 29*, 565–598.

Ikeda, H., Takasu, S., & Murase, K. (2014). Contribution of anterior cingulate cortex and descending pain inhibitory system to analgesic effect of lemon odor in mice. *Molecular Pain, 10*, 14.

Johansen, J. P., & Fields, H. L. (2004). Glutamatergic activation of anterior cingulate cortex produces an aversive teaching signal. *Nature Neuroscience, 7*(4), 398–403.

Kakeda, T., & Ogino, Y. (2022). Citrus odor-induced positive emotions suppress pain perception in female adults: A pilot study. *Journal of Japanese Society of Aromatherapy, 21*(1), 31–39.

河合隆史 (2001). 環境芳香の呈示条件と心理反応. *Aroma Research, 2*(2), 58–64.

Kucyi, A., Moayedi, M., Weissman-Fogel, I., Goldberg, M. B., Freeman, B. V., Tenenbaum, H. C., & Davis, K. D. (2014). Enhanced medial prefrontal-default mode network functional connectivity in chronic pain and its association with pain rumination. *Journal of Neuroscience: The Official Journal of the Society for Neuroscience, 34*(11), 3969–3975.

Kudo, T., Uchigashima, M., Miyazaki, T., Konno, K., Yamasaki, M., Yanagawa, Y., ... Watanabe, M. (2012). Three types of neurochemical projection from the bed nucleus of the stria terminalis to the ventral tegmental area in adult mice. *Journal of Neuroscience: The Official Journal of the Society for Neuroscience, 32*(50), 18035–18046.

Lakhan, S. E., Sheafer, H., & Tepper, D. (2016). The effectiveness of aromatherapy in reducing pain: A systematic review and meta-analysis. *Pain Research and Treatment, 2016*, 8158693.

Lee, M. S., Lee, H. W., Khalil, M., Lim, H. S., & Lim, H. J. (2018). Aromatherapy for managing pain in primary dysmenorrhea: A systematic review of randomized placebo-controlled trials. *Journal of Clinical Medicine, 7*(11), 434.

Mobbs, D., Greicius, M. D., Abdel-Azim, E., Menon, V., & Reiss, A. L. (2003). Humor modulates the mesolimbic reward centers. *Neuron, 40*(5), 1041–1048.

Moseley, G. L., Gallace, A., & Spence, C. (2012). Bodily illusions in health and disease: Physiological and clinical perspectives and the concept of a cortical 'body matrix'. *Neuroscience and Biobehavioral Reviews, 36*(1), 34–46.

O'Doherty, J., Rolls, E. T., Francis, S., Bowtell, R., & McGlone, F. (2001). Representation of pleasant and aversive taste in the human brain. *Journal of Neurophysiology, 85*(3), 1315–1321.

Salzman, C. D., & Fusi, S. (2010). Emotion, cognition, and mental state representation in amygdala and prefrontal cortex. *Annual Review of Neuroscience, 33*, 173–202.

東原和成（2020）．かぐわしき，この世界──匂いをコントロールし，みんなが心地よい環境をデザインする．Science Portal. https://scienceportal.jst.go.jp/gateway/sciencewindow/20200116_w01/（2022年12月7日アクセス）

Villemure, C., & Bushnell, M. C. (2009). Mood influences supraspinal pain processing separately from attention. *Journal of Neuroscience: The Official Journal of the Society for Neuroscience, 29*(3), 705–715.

7章

リラクセーションがもたらす癒し

小林 しのぶ

⚡ 7-1 ⚡
はじめに

　国際疼痛学会によれば，慢性痛は，「典型的には 3 カ月以上持続する，または通常の治癒期間を超えて持続する痛み」とされている。長く持続する痛みは，心理社会的な問題も関連し，病態をより複雑なものにする（Treede et al., 2019）。

　痛みは要因別に分類されるが（図 7-1），慢性化により複数の要因が複雑に絡み合い，痛みの持続化によってストレスが増大し，心理社会的（痛覚変調性）要因が大きくなってくる（慢性疼痛診療ガイドライン作成ワーキンググループ，2021）。この複雑になった痛みを完全に取り除くことは極めて困難である。

　では，「完全に取り除く」ことが困難になってしまった慢性的な痛みは，どのように対処していけばよいのか。日本の「慢性疼痛診療ガイドライン」（慢性疼痛診療ガイドライン作成ワーキンググループ，2021, p. 25）においても紹介されているが，米国麻酔科学会と米国区域麻酔・疼痛医学会による「慢性痛管理における診療ガイドライン（Practice guidelines for chronic pain management）」（ASA & ASRA, 2010）では，その治療の最終目標として次の 4 つを挙げている。

　▎①痛みのない状態にすることは成し遂げられないとの認識を持って疼痛管理

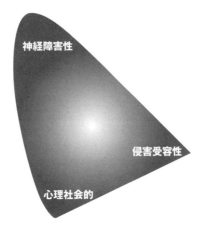

図 7-1　痛みのモデル図

〔注〕痛みには「侵害受容性」「神経障害性」「心理社会的」の３つの要素が関連する。本図は，図 1-7 と同じことを表現しているのだが，こちらのように痛みの3要因を虹色のグラデーション（連続階調）で表現するほうが“より新しい”表現である。「心理社会的」は「痛覚変調性（nociplastic）」へとさらに変更されている点には注意を要する（1-9 節参照）。

〔文献〕慢性疼痛診療ガイドライン作成ワーキンググループ，2021，p. 24.

 を最適化する。

 ②機能的能力，身体的・精神的健康を向上させる。

 ③患者の QOL を向上させる。

 ④有害転帰（副作用）を最小化する。

　このように，治療による副作用をできるだけ少なくしながら痛みの管理を行い，患者の QOL（quality of life，生活の質）や ADL（activity of daily life，生活活動度）を向上させることが，慢性痛治療における目的と最終目標の基本である。

　治療の目標である QOL や ADL の向上，つまり普段の生活への影響を最小限にとどめることが重要になってくるであろう。痛みを完全に除去することができなくても，心身を自身でコントロールする術を身につけ，居心地のよさを得ること，これが疼痛管理の最適化につながり，おのずと QOL 向上につながっていくのではないだろうか。

本章では，自身をコントロール，ストレスマネジメントするスキルについて考えていく。自らをリラックスさせて癒すことは，痛みの緩和につながることが分かっている。脳科学的な視点も踏まえ，「癒し」と「痛み」の関係性を掘り下げ，リラクセーションがもたらす効果を探っていく。

⚡ 7-2 ⚡
癒　す

　さて，普段から非常によく使われている「癒し」や「癒す」とは何だろうか。「癒し」とは，「癒す」が名詞化され使われるようになった用語であり，何かを癒すもの，心を和ませる存在を示すことが多い。「癒し系」などと表されるものは，まさにそのような存在を示していることになる。

　もともと「癒す」は，「病気や傷を治す，飢えや心の悩みなどを解消する」という意味とされ，英語では heal, healing と記す。したがって，「癒す」ということは，身体の不調ばかりではなく，心の不調を整えることも指すのである。"痛みが人間の感情であり，人間の人生の根幹をなすもの"（1章参照）であるならば，「癒す」ことは「痛み」と向き合ううえで重要なキーワードになってくる。

⚡ 7-3 ⚡
人は「痛み」をどのように対処しようとするのか

　人はどのような方法で自らを癒し，痛みを対処しようとするだろうか。抱える痛みや状況によって，その対処法・緩和法はさまざまであろうが，例えば「温泉に行こう」という方法も1つである。日本には昔から入浴や温泉など湯に浸かるという習慣がある。「湯治」という言葉もあるように，お湯に体が浸かることで緊張がほぐれて心身ともに解放される。また，街中でよく見かけるマッサージ施設や整体治療院などで行われるマッサージは，受動的な方法であるが，痛みや体や心の緊張をほぐす，または癒すために試みるといった比較的試しやすい方法である。

これらの方法が痛みの緩和に有用であることは，実生活での経験として納得できることである。実際，これまでも多くの研究で，マッサージや音楽，瞑想などが痛みや不安を低減させることが証明されている。筋の弛緩（リラクセーション，relaxation）は癒しをもたらすことに通じる。それは身体的に生じる器質的疼痛だけでなく，不安や恐怖といった感情を鎮めることが心理社会的要因への解決にも有用であるからだ。

　Najafi ら（2017）は，痛みに伴う身体的・心理的影響はもはや常識であり，痛みの存在は不安やストレスを引き起こして結果的に痛みを悪化させること（図 5-5 参照）を示したうえで，熱傷による痛みを抱えた患者に対するマッサージと音楽の効果を，主観的指標を用いて評価した。マッサージを受けることや，好みの音楽を聴くことで不安という感情は軽減され，リラクセーションレベルも向上するという結果を示している。マッサージを受けることでエンドルフィンの放出を促し，痛みを抑制することにつながる。音楽を聴くことでさらなる相乗効果も期待できるとしている。極めて簡易な方法であり，かつ安価に行うことができる方法という点でも，導入のメリットは大きいといえる。

　ほかにも，Jane ら（2011）が行ったランダム化比較試験により，骨転移性のがん性疼痛に対するマッサージの有効性も報告されている。疼痛軽減に対する効果は統計学的にも有意に改善されたことが示され，上昇したリラクセーションレベルは長時間にわたり持続したと報告された。その結果，睡眠の質の向上にもつながり，まさに治癒への好循環（図 9-4 参照）が生まれたのである。

　このように身体の血流を改善させることで安寧やリラクセーション（筋の弛緩）の状態を導き，疼痛管理に有用なマッサージであるが，時に痛みを覚醒させてしまうこともあり得るため，注意が必要であることも忘れてはならない。短時間のマッサージによる痛みは覚醒反応の一因として，リラクセーション反応が誘導される前に交感神経系を高ぶらせてしまう可能性を持ち合わせている。患者に施す場合は状態によって禁忌の部位が存在することもあるため，マッサージを施す部位，その状態をきちんと診断・確認したうえで実施することが重要である。

⚡ 7-4 ⚡
リラクセーションと痛みの脳内メカニズム

　心と身体はパイプでつながっているようなものである。心身相関という言葉があるように，心の状態は身体へ反応し，身体の状態は心の状態へ影響を及ぼす。心と身体の脳領域をつなぐ神経回路の仕組みが近年明らかになった（Kataoka et al., 2020）。大脳皮質−視床下部の神経回路が鍵となり，心身相関を実現している（図7-2）。心理ストレスによる交感神経反応やストレス

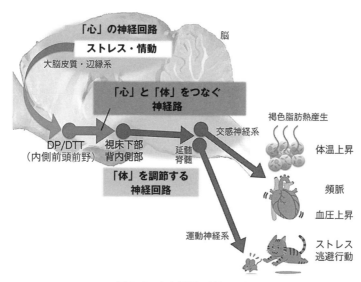

図7-2　心身相関の神経回路

〔注〕心理ストレスや情動（情動と感情の違いは図1-3参照）の信号は大脳皮質・辺縁系の「心」の神経回路で処理され，内側前頭前野（PFC：図0-2参照）の最深部（DP/DTT）で統合される。統合された信号は，交感神経系の制御を行う視床下部背内側部へ伝達され，その後，延髄ならびに脊髄を経て交感神経系を活性化する。この信号伝達によって，褐色脂肪組織における熱産生を惹起して体温を上昇させるとともに，心臓の拍動を速め，また，血管を収縮させることによって血圧を上昇させる。さらに，運動神経系を駆動し，ストレス逃避行動を起こす。

〔略語等〕DP：背側脚皮質，DTT：背側蓋紐。

〔文献〕Kataoka et al.（2020）を著者一部改変。

逃避行動を起こすための重要な仕組みであることが明らかになっている。

　リラックスした状態は副交感神経優位な状態である。逆にストレス状態にある場合，交感神経系の活動が活発化している。その反応は心拍や血圧，発汗などで客観的に認知しやすい形で評価可能である。痛みがある状態では心身ともに緊張したストレス状態となり，筋は緊張状態にあり，心臓の拍動も速くなる。人は心と身体のこのような緊張状態を回避したい，緩和させたいため，自らを癒す必要があると考える。

　心拍や血圧の低下・安定化という身体の反応は，心にも安寧を伝える。筋や神経の緊張を緩めることはリラクセーションや癒しにつながる。「リラックスした状態」「癒し」は，緊張が緩和された状態＝心の安定化が図られた状態と考えられ，日常生活においても，臨床的経験からもその事実は理解されてきた。しかし，科学的根拠をもって機序を明らかにした報告はこれまでなかった。緊張が緩和された状態やリラックスした状態とは，どのような状態なのであろうか。Kobayashi & Koitabashi（2016）は，リラクセーション技法を行った際のリラクセーションがもたらす脳活動への影響を，機能的脳画像（functional magnetic resonance imaging; fMRI）を用いて報告した。

　リラクセーション技法の代表的な1つに，漸進的筋弛緩法（progressive muscle relaxation; PMR）がある。その名のとおり，身体の骨格筋を各部位に分けて「緊張→弛緩」という動作を，腹式呼吸とともに意図的に繰り返し行うリラクセーション技法である。心と身体は一体である（図7-2参照）という基本理念のもと，筋の緊張した感覚，緩んだ感覚をしっかりと受け止めてじっくり感じるように施し，やがて緩んだ感覚，つまりはリラックスした感覚にフォーカスし，心理的にリラックスした状態を導くのである。リラクセーション反応を意図的に引き出す方法といってもよいだろう。このPMR実施によって導かれたリラックス状態の脳活動には，どのような変化がもたらされているのだろうか。

　PMR実施によって生じた脳活動の変化は，大脳皮質と辺縁系の一部のみであり，狭い範囲に限局していた（図7-3）。瞑想（meditation）状態の脳活動では，瞑想経験者のほうが初心者よりも脳活動の変化が少ないという先

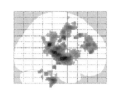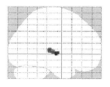
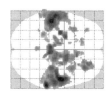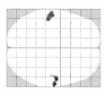

Control　　　　　　　　　　　　　　　　PMR

図7-3　リラクセーションがもたらす癒しの脳活動（1）

〔注〕コントロール群（Control）と漸進的筋弛緩法（PMR）での脳活動の変化の違
　　いを示した。右のPMRでは，明らかに脳活動が変化した部位が現局されている。

〔文献〕Kobayashi & Koitabashi（2016）

行研究の結果と類似しており，PMRは経験者や達人でない初心者でも，瞑
想経験者のように脳活動が落ち着いた状態に至ることが示された。また，1
つのことに没頭した"無我状態"と表現されるときの脳活動と類似している
ことも分かった。PMRによって誘導される脳活動が，瞑想や無我状態と似
た"明鏡止水"（くもりのない鏡と波立たない静かな水のように，心にやま
しい点がなく澄み切っている）状態に導かれるのはとても興味深い。

　さらに詳細な活動変化を見ると，対照群（コントロール群）と比べPMR
実施群では，脳活動の変化の仕方に次のような相違が認められた。被殻，前
帯状回，島，中心後回で対照群では活動が上昇し，PMR実施群では活動が
減弱したのである（図7-4）。これらの領域は感情，情動（感情と情動の違
いは図1-3参照），注意制御に関連した役割を持つ領域であり，このような
活動減弱を認めたことは，痛みをコントロールする1つの手法としてPMR
が期待できる結果となった。PMRの「呼吸に集中する」「筋の緩んだ感覚や
身体感覚に意識を向ける」「動作を繰り返す」ことによって，脳活動が落ち
着いた状態に誘導されると考えている。PMRの実施が脳活動を落ち着かせ
る効果があることから，身体的弛緩は心のリラクセーション反応を引き起こ

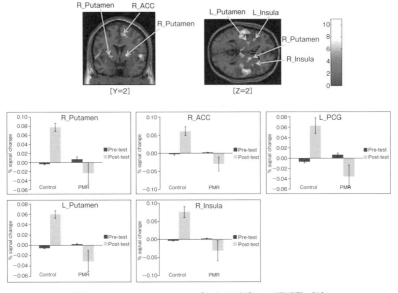

図7-4　リラクセーションがもたらす癒しの脳活動（2）

〔注〕コントロール群（Control）と比べ漸進的筋弛緩法（PMR）を実施した場合，
　　被殻（Putamen），前帯状回（ACC），島（Insula），中心後回（PCG）でコントロー
　　ル群では活動が上昇し，PMRを実施した場合では活動が減弱した。
〔文献〕Kobayashi & Koitabashi（2016）を著者一部改変。

す契機（きっかけ）になることが分かる。

　上述のように，古くから行われている瞑想が感覚に影響を与える脳メカニ
ズムは，すでに報告されている（Zeidan et al., 2011）。これらの研究で用い
られた"感覚"とは，「痛みの強さ」と「痛みの不快感」である。瞑想を行
うことで「痛みの強さ」と「痛みの不快感」の主観的評価はともに減少し
た。「痛みの強さ」の評価値は，侵害受容処理の認知的制御に関与する領域
であるといわれている前帯状回の活動と関連していた。「痛みの不快感」に
関しては，前頭前野（PFC：図0-2参照）の活動と関連していた。さらに
「痛みの不快感」の減少は，視床の不活性化とも関連しており，大脳辺縁系
のゲート（玄関）機構（痛みのような求心性情報と遠心性の高次制御情報の
相互反応を玄関ドアのようにコントロールするモデル）を示唆している。こ

の研究により，瞑想が，求心性情報である侵害受容情報から，主観的な痛み体験の構築を変化させる脳メカニズムに関与していることがわかる。高次機能を担う前頭前野からの抑制制御作用が働くことで「痛みが軽減した」という感覚が導かれる（3章参照）。今後も痛みという感覚・感情を「癒す」手法の脳科学的解明には大いに期待している。

⚡ 7–5 ⚡
臨床における非薬物療法としての活用

　医療現場では，日々多種多様な疼痛の診療に当たり，治療を行っている。これまで第一選択肢とされてきた薬物療法であるが，慢性痛のように痛みが長期化し，完全な治癒を望めない痛みに対し，薬物療法は早々に限界が訪れるという見解がある（9–5節参照）。そのようななか，さまざまな薬物療法以外を用いた副治療（adjuvant therapy）が行われ，薬物治療単独では得られない効果を認めている。

　そのさまざまな副治療のなかでも，本章では心理教育的介入について述べる。なお，介入とは，"健康に影響を与える要因，例えば予防や診断，治療のための投薬，検査などの行為"を指し，6章で紹介したアロマセラピーも「介入」の一種である。心理教育的介入は多くの治療の導入として必要であり，かつ，薬物療法とその他さまざまな介入と組み合わせた場合，その重要性が強調されている（慢性疼痛診療ガイドライン作成ワーキンググループ，2021）。心理教育を通じて，慢性痛の発症，維持，悪化に関わる心理社会的要因や，これから受ける介入治療の作用機序や実施手順に関して，患者自身の理解を促すことは，その後の治療効果を促進させる可能性がある。

　例えば，非薬物療法や心理教育として，慢性痛の治療には認知行動療法に基づく介入が広く行われるようになった。これらの治療効果をもたらす脳内メカニズムについて触れておきたい。Jensenら（2012）の行った研究では，線維筋痛症候群と診断された患者を対象に12週間にわたる認知行動療法の介入プログラムを実施したうえで，fMRIを用いた脳活動を解析した。その結果，認知行動療法は実行的認知制御に関連する前頭前野腹外側/眼窩前頭

皮質（図0-2参照）の活性を増加させることが明らかになった。痛みの信号，感情，認知の間の脳内ループを変化させ，痛みの再評価のための実行領域へのアクセスを増加させることで，脳の痛み処理を変化させると解釈されている（9-8節参照）。慢性痛に対する認知行動療法の介入が前頭前野から脊髄へとつながる下行性抑制系を活性化させるという説（図3-2参照）を支持するものである。

　がん領域においても疼痛マネジメントの導入が推奨されている（日本緩和医療学会緩和医療ガイドライン委員会，2014）。がん疼痛マネジメントは，「適切で効果的な疼痛緩和を行うために，患者の体験に焦点をあてた包括的評価，痛みの治療やケア（薬物療法，その他の治療，非薬物療法，ケア）および，継続的な評価を含めた多職種で行う過程」（日本緩和医療学会緩和医療ガイドライン委員会，2014，pp. 13-14）と定義されている。がん疼痛マネジメントに関する患者教育をどのように行うべきかについての具体的な方法を比較した質の高い臨床試験はないながらも，その心理教育的介入が「強く推奨」されている（これまで数多くの臨床試験において有効性が示されてきた結果といえる）。教育内容としては，非薬物療法と生活の工夫，セルフコントロールなどを含め心理的安定を図る，自身を癒すためのセルフマネジメントスキルとして認知行動療法や瞑想などを紹介している。誰もが普段何気なく行っている呼吸に目を向けることを基本としたこれらの手法は，あらゆる年代，健康状態の人へ導入しやすいものであることは間違いない。がん患者，終末期の患者への適応は，痛みに対する不安や恐怖を軽減することに有効であり，本来のがん治療に立ち向かう患者の心理的な安定をサポートすることにも貢献するであろう。

　自身の痛みとの共生は，痛み管理を最適にすることが第一歩である。より快適に生きるためには，自分を癒すことができるセルフマネジメントスキルの習得を目指すことが大切である（9章参照）。リラクセーションがもたらす癒し，その鎮痛・痛み緩和効果の適応をより広げ，積極的導入を図るためにも，脳科学的アプローチを用いた機序解明と発展研究がさらに必要であろう。

まとめ

- キーワード
  - 癒し（healing）
  - リラクセーション（relaxation）
  - 脳メカニズム（brain mechanism）
- 痛みの完全除去は難しい。セルフマネジメントする能力を持つことが大切である。
- マッサージ療法は，血流を改善させることで心身のリラクセーション状態を導き，痛みに対する不安を軽減する。だが，時に痛みの覚醒反応を導くこともあるので注意が必要である。
- リラクセーション法は大脳活動を鎮静化させる効果がある。リラクセーション法で得られた身体的弛緩感覚は心理的リラクセーション反応を引き起こす契機になり得る。
- 瞑想の実施は，求心性情報からの主観的な痛み体験の構築を変化させる複数の脳メカニズムが関与している。
- 痛み管理における心理的教育は，他の介入と組み合わせることで有効性が高く，推奨されている。
- 心理教育的介入はがん性疼痛のマネジメントにも導入され，患者自身の心理的安定をサポートする重要な役割を担う。

引用文献

ASA（American Society of Anesthesiologists Task Force on Chronic Pain Management），& ASRA（American Society of Regional Anesthesia and Pain Medicine）. (2010). Practice guidelines for chronic pain management: An updated report by the American Society of Anesthesiologists Task Force on Chronic Pain Management and the American Society of Regional Anesthesia and Pain Medicine. *Anesthesiology, 112*(4), 810–833.

Furlan, A. D., Giraldo, M., Baskwill, A., Irvin, E., & Imamura, M. (2015). Massage for low-back pain. *Cochrane Database of Systematic Reviews, 2015*(9), CD001929.

Hattan, J., King, L., & Griffiths, P. (2002). The impact of foot massage and guided relaxation following cardiac surgery: A randomized controlled trial. *Journal of Advanced Nursing, 37*(2), 199–207.

Jane, S. W., Chen, S. L., Wilkie, D. J., Lin, Y. C., Foreman, S. W., Beaton, R. D., ... Liao, M. N. (2011). Effects of massage on pain, mood status, relaxation, and sleep in Taiwanese patients with metastatic bone pain: A randomized clinical trial. *Pain, 152*(10), 2432–2442.

Jensen, K. B., Kosek, E., Wicksell, R., Kemani, M., Olsson, G., Merle, J. V., ... Ingvar, M. (2012). Cognitive behavioral therapy increases pain-evoked activation of the prefrontal cortex in patients with fibromyalgia. *Pain, 153*(7), 1495–1503.

Kataoka, N., Shima, Y., Nakajima, K., & Nakamura, K. (2020). A central master driver of psychosocial stress responses in the rat. *Science, 367*(6482), 1105–1112.

Kobayashi, S., & Koitabashi, K. (2016). Effects of progressive muscle relaxation on cerebral activity: An fMRI investigation. *Complementary Therapies in Medicine, 26*, 33–39.

Lazaridou, A., Kim, J., Cahalan, C. M., Loggia, M. L., Franceschelli, O., Berna, C., ... Edwards, R. R. (2017). Effects of cognitive-behavioral therapy (CBT) on brain connectivity supporting catastrophizing in fibromyalgia. *Clinical Journal of Pain, 33*(3), 215–221.

慢性疼痛治療ガイドライン作成ワーキンググループ(編) (2018). 慢性疼痛治療ガイドライン. 真興交易 医書出版部.

慢性疼痛診療ガイドライン作成ワーキンググループ(編) (2021). 慢性疼痛診療ガイドライン. 真興交易 医書出版部.

Najafi Ghezeljeh, T., Mohades Ardebili, F., Rafii, F. (2017). The effects of massage and music on pain, anxiety and relaxation in burn patients: Randomized controlled clinical trial. *Burns, 43*(5), 1034–1043.

日本緩和医療学会緩和医療ガイドライン委員会(編) (2014). がん疼痛の薬物療法に関するガイドライン (2014年版). 金原出版.

Treede, R. D., Rief, W., Barke, A., Aziz, Q., Bennett, M. I., Benoliel, R., ... Wang, S. J. (2019). Chronic pain as a symptom or a disease: The IASP Classification of Chronic Pain for the International Classification of Diseases (ICD-11). *Pain, 160*(1), 19–27.

Walach, H., Güthlin, C., & König, M. (2003). Efficacy of massage therapy in chronic pain: A pragmatic randomized trial. *Journal of Alternative and Complementary Medicine, 9*(6), 837–846.

Zeidan, F., Martucci, K. T., Kraft, R. A., Gordon, N. S., McHaffie, J. G., & Coghill, R. C. (2011). Brain mechanisms supporting the modulation of pain by mindfulness meditation. *Journal of Neuroscience, 31*(14), 5540–5548.

8章

なぜ他者の痛みを癒そうとするのか

川道 拓東

⚡ 8–1 ⚡
他者の痛みを癒したいという思いは本能的なものか

　自分の周囲に痛みを訴えている人がいたら，なぜ，人間はその痛みを癒したいと考えるのであろうか。近くに痛がっている人がいるのだから，その人の痛みを癒すのは当然で，論をまたないと考える人が多いかもしれない。

　確かに，他の個体の痛みを取ろうとする行動（鎮痛行動）は，人間以外の動物種でも見られる一般的なものである（de Waal, 2008）。こうした行動は，自分のことを顧みずに，相手のことを第一に考えた利他行為（altruism）の1つと捉えることができる。そうした観点では，確かに他者の痛みを癒したいという願いには本能的なものが含まれているだろう。

　しかしながら，人間は他の動物種とは異なる性質を持っている。そのような，人間を人間たらしめている特長の1つに，高度な社会性を有するということがある。社会性とは，日常生活のさまざまな場面で，家族・学校・会社などの集団を形成するために利する性質であると定義される。人間が形成する社会は他の動物種と比較して，その規模が大きなものであることが特徴である。Dunbar（1998）の社会脳仮説（social brain hypothesis）によると，脳における新皮質の占める割合が集団サイズと正の相関があることが示されている。すなわち，人間は大脳における新皮質が占める割合が大きくなることで，大きな集団を形成するために必要な情報処理を担うことが可能となっ

ていることを示唆する。

　これらの点を踏まえると，人間が他者の痛みを癒そうとする行動の動因（動機づけ，モチベーション，motivation）には，本能的でないものも含まれていると考えられる。すなわち，他者の痛みを癒そうとする人間の行動には，社会を形成するうえで好都合であるがゆえに行われているものが含まれている可能性が高い。本章では，人間ならではの“他者の痛みを癒す動因”を概観する。

⚡ 8-2 ⚡
人間の痛み

　1章でも「痛みの定義」について扱っているが，本章でもあらためて「痛み」について整理する。身体的な痛みが強ければ強いほど，生命維持に問題が生じている可能性が高い。このことを踏まえ，痛みとして処理される生体の損傷に基づく反応は，生命維持に危機が迫っているという警告を与えるものになっていると考えられている（Eisenberger & Lieberman, 2004）。そのため，人間の身体的な痛みは，自らの身を置いておきたくないと思うような非常に強いネガティブな感情的反応を伴うと考えられる。こうしたネガティブな感情的反応が発生することで，痛みから逃れたいという動因になると考えられる。

　一方で，“痛み”はさまざまなものが対象となる。例えば，人間は仲間外れにされることで心が痛む，といった表現を日頃から使用している。こうした痛みは社会的痛み（あるいは，心的痛み）とされる（1-5節と1-6節参照）。人間は高度な社会の一員として生活するため，その社会から隔絶されることは，正常な社会生活を送るうえで多大な困難に直面する。したがって，自らが所属する社会から隔絶されることは，自らの生命維持に危機が迫ることを意味する。そのために，人間がこうした社会的痛みを感じる状況に置かれると，脳は人間に警告を与えると考えられている。社会的痛みを感じるような状況でも，身体的な痛みを感じる状況と同様に非常に強いネガティブな感情的反応を伴っていると考えられる（Eisenberger & Lieberman,

2004)。

　これらをまとめると，痛みとは，身体的・社会的など種類によらず，人間の生命維持に問題となり得るような事象において発生するもので，非常に強いネガティブな感情的反応を惹起するものである。

⚡ 8–3 ⚡
他者の痛みを癒したいと思うのはなぜか

　窮地にある他者を助けたいという思いは，社会性を有する生物として基本的なものである。人間は，時に，自分の身に降りかかる危険を顧みず，人助けをすることがある。例えば，2001 年に JR 東日本の山手線の新大久保駅において，韓国人留学生とカメラマンの男性 2 名がホームから転落した人を助けようとして亡くなった事故などが挙げられる。このような行動は，自分の利益をまったく考えようとせず，他者のことを考えた，純粋な利他主義（pure altruism）に基づく行動と捉えることができる。

　一方で，自分以外の多くの人が，同じ場面（例：助けを求める他者を目撃している場面）に遭遇している際には，他者を助ける行動をとりにくくなることも知られている。これを傍観者効果（bystander effect）という。この具体的な例として，1964 年にニューヨークで発生した殺人事件が取り上げられることが多い（キティ・ジェノヴィーズ事件）。深夜に自宅アパート前で女性が暴漢に襲われ，その女性の叫び声を付近の住民 38 名が聞いていたが，（誰かが警察に通報してくれる，自分が通報したことがバレたら後で犯人に何をされるか分からないなどと考えて）誰一人として警察への通報などの対応をしなかったというものである。これは，周囲の人の存在が，他者を助けるような行動に悪影響を与えたものと考えられる。すなわち，人間の有する高度な社会性が，他者を癒す行動に影響を与え得るということを示唆している。

　人間は高度な社会性を有するため，他者を助けることが自分のためになると考え，他者の痛みを癒しているという面も否定できない。こうした考えに基づく，自分に利益があるから窮地に置かれた他者を助ける行動を偽利他主

義（pseudo-altruism）と呼ぶ（Batson, 2011）。もちろん，世の中には純粋な利他主義に基づいて他者を癒す行動もあると考えられる。しかしながら，自分にとっても都合がよいから他者を癒すという行動のほうが，より人間社会では見受けられる行動ではないだろうか。

⚡ 8-4 ⚡
他者の痛みを癒すことの動機づけ

　他者を癒すことによって自らを利することになる，という動機づけにはどのようなものがあるだろうか。Batson（2011）は，人間が他者を助けることの動機づけとして，以下の3種類を挙げている。

①嫌悪感情減弱（aversive arousal reduction）仮説（Krebs, 1975; Piliavin et al., 1981）　痛がっている人を目撃すると，社会性を有する生物である人間はその人の置かれた状況に共感し，同じように痛い気持ちになることが知られている。共感することで相手の痛みや気持ちが分かるようになるのである。この痛い気持ち（痛みの共感から生じる嫌悪感情）が嫌で，この気持ちから逃れるために，痛がっている他者を癒すという仮説である。

②共感に基づく罰（empathy specific punishment）仮説（Archer et al., 1981）　人間は社会に適応することを通じて，何らかの行動をとる際に，いわゆる"他人の目"を気にするようになっている。痛がっている人を見ても，素通りしたり，痛みを取ろうとしてもその痛みを取ることができなかったりした場合，周りの人にガッカリされる，失望されるのではないか，といったことを考えてしまう。このように"他人の目"を意識する（周りの人に共感する）ことで引き起こされる"罰"から逃れるために，人間は他者の痛みを癒そうとしている。ここで，痛がっている人を見たときに，見なかったふりをしてその場から逃げ出しても，一時は嫌な気持ちから逃れることができるはずである。しかしながら，そのような倫理的でない行動は，周りの人にガッカリされる，失望されるという罰を受けると考え，そのような罰を回避するために，人間は回避

行動（痛んでいる他者を癒そうとせず，放っておく行動）を控え，他者の痛みを癒そうとする，という仮説である。

③共感に基づく報酬（empathy specific reward）仮説（Smith et al., 1989）
他者の痛みを取り去ることは，痛みを感じていた他者に喜びをもたらすことにつながる。人間は，自らのとる行動の結果として他者が喜ぶことに共感して，自分もうれしい気持ちになることを報酬（reward）と感じることができる。共感に基づく報酬仮説は，この報酬予測を動機づけとして他者の痛みを癒そうとする，という考えである。

これらの3種類の動機づけを考えてみると，人間が他者の痛みに対して鎮痛行動をとる際には，感情，特に社会生活を送るうえで重要な感情（社会的感情）が鍵になっていることに気づく。仮説①では，他者が抱えている痛みと同様のものを脳内で感じる共感的痛みという社会的感情が動機づけとなっている。仮説②では，他者の痛みを素通りすることに起因する周囲の人が受ける印象を想像して，それに対する恥ずかしさ・気まずさという社会的感情が動機づけとなっている。仮説③では，痛みを取ってあげた他者の喜びを我が事のように捉える共感的喜びという社会的感情が動機づけとなっている。このように，鎮痛行動をとるためには，人間のような高度な社会性を有する動物にとって基本的な社会的行動の1つである共感を介した感情（社会的感情）が重要であるといえる（3-4節と3-5節を参照）。

⚡ 8-5 ⚡
他者の痛みを癒すことの神経基盤を計測するために

筆者らは，MRI（magnetic resonance imaging）装置を使用して，脳の活動を計測する方法の1つである機能的脳画像（functional magnetic resonance imaging; fMRI）により，社会的行動の神経基盤を調べる研究を行ってきた。特に，2名が隣り合うMRI装置（図8-1）に同時に入って計測することで，社会的行動をとる際の脳活動を明らかにしてきた。しかしながら，MRIを用いた実験にも限界がある。

どうしても，MRI装置の中で実験をする際には，社会的な状況を自然な

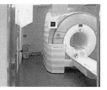

図 8-1　dual-fMRI

〔注〕生理学研究所（愛知県岡崎市）に設置されている2台のMRI装置。2名の被験者が隣り合う2台のMRI装置のそれぞれに入り，2名の脳活動を同時に計測することが可能である。2名が同時に相互に関わり合う課題を行うことによって，社会的活動に随伴する脳活動を計測することが可能となっている。

形で再現することが難しい。今回のテーマである鎮痛行動，すなわち他者の痛みを取り除こうとする行動をMRI装置の中で行うのはなかなか難しい。MRI装置での計測中に頭部を動かすと，計測データにノイズが生じてしまうため，身動きすることはできない。また，fMRIのデータにはノイズが入ることが多いため，同じ行動を繰り返すことで，真のデータに対するノイズの比率を低減する必要がある。しかし，同じ行動を繰り返させると，社会的な状況を自然な形で再現することが難しくなってしまう。被験者が提示されている社会的状況そのものに疑いを持ってしまったり，慣れが生じてしまったりして，計測したいと思っている社会的行動に随伴する脳活動が計測できなくなってしまう可能性もある。そのため，fMRIを計測しながら，日常的に筆者らが病院でやっているような，痛み止めの鎮痛薬を患者に注射するといったことは難しいのである。

　心的な痛みと身体的な痛みは，脳のなかでは生命維持に危険が迫っていることを示す警告信号として，共通の神経回路によって処理されるという考え方がある（1-5節参照）。この考え方に基づけば，他者の心的な痛みを緩和するための行動は，他者の身体的な痛みを緩和する鎮痛行動と同様の神経回路によって処理される可能性が考えられる。そこで筆者は，心的な痛みを対象とするほうがMRI装置で再現することがより容易であると考え，心的な痛みを対象として他者の心的な痛みを緩和する行動を調べる方針とした。

　さて，心的な痛みを惹起することを目的とした研究手法として最も有名な

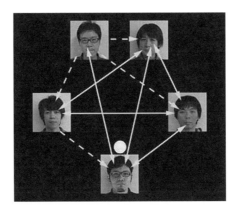

図 8-2　実験において使用したサイバーボール課題のイメージ

〔注〕被験者の写真が一番下にくるように課題の参加者の写真を配置して表示する。
本図では，トスコースが分かりやすいように，便宜的に矢印（実線：相互にトス可
能，破線：矢印の方向にのみトス可能）を加えている。本例では，左上の人が仲間
外れである。

研究の 1 つにサイバーボール（cyberball）課題（Williams et al., 2000）があ
る（図 8-2）。サイバーボール課題では，ネットワークを介して MRI 撮影さ
れている被験者と MRI 装置外にいる複数の被験者との間でボールのトス
（ボールのやり取り）を擬似的に行うことができる。しばらくは全員で仲良
くボール回しを楽しむが，ふとしたときから MRI 装置外の被験者だけで
ボール回しをするようになると，MRI 装置内の被験者は仲間外れになる。
このような状況に陥った被験者は，仲間外れにされて大きな孤立・疎外感を
持ち，心が痛む状況に追い込まれてしまう（Williams et al., 2000）。こうし
た課題遂行中に fMRI で被験者の脳活動を計測すると，身体的な痛みを処理
する場所として知られる，前帯状回という場所が活動していることが分かっ
た（Eisenberger et al., 2003）。このように，MRI 装置内において，実験的
に心的な痛み（心の痛み）を惹起することが可能となった（1-5 節参照）。
　そこで筆者らは，このサイバーボール課題と MRI 撮影を使用して，次の
ような実験環境を構築した（Kawamichi et al., 2016）。そこでは，わざと他
者が仲間外れにされる状況を作り，その他者の心の痛みを癒す行動として，
被験者は仲間外れとなっている他者へのボールのトスを増やそうとする，と

いう仮説を立てた。当時，MRI 装置を用いて，他者を仲間外れにする実験環境を構築したのは，筆者らの研究が初めての試みであった。このため，他者が仲間外れにされている状況に被験者が気づき，かつ，信じてくれるか，さらに，信じてくれたうえで他者の心の痛みを癒す行動をとってくれるのかどうか，という疑念があった。この疑念を解消するために，筆者らは本当にそのような実験が可能かをまず検証することとした。

　検証においては，男女の交際関係（恋愛関係）にある健常者 9 組（計 18 名，男性：20.4±0.4 歳，女性：22.4±1.5 歳）の協力を得て，サイバーボール課題（図 8-2）を実施した。実験においては，途中まで，被験者全員が仲間外れになることなくボールトスを行うが，ある時点から自分とは異なる性の被験者（自分の交際相手，あるいは他のカップルのうち自分とは異なる性の被験者）が仲間外れとなる。その際のトスの割合を見ると，仲間外れになっていない人へのトスと比較して，仲間外れの人へのトス率が有意に上昇するという結果を得た。また，実験後のインタビューでは，仲間外れになっていることに気づいたうえでトスを増やしていることも分かった。また，実験そのものに疑念を抱いた人はいなかった。このことから，仲間外れの他者に対してトスを増やすという行動は，心の痛みを感じている人を癒す行動と捉えることができる。これらの結果から，サイバーボール課題を応用して，他者の心的痛みを惹起し，それに対する癒し行動を誘導することが可能であると確認できた。この結果をもとに，MRI 装置を用いた他者の痛みを癒す神経基盤を明らかにする実験を計画した。

⚡ 8-6 ⚡
他者の痛みを癒すことの 3 つの神経基盤

　8-5 節で述べたように，他者の痛みを癒す行動の動機づけには 3 種類の仮説があり，いずれも共感が重要な役割を果たす。なお，共感には，対象者と同一の感情を惹起する感情的共感（例：我が事のように喜ぶ）と，対象者の感情状態を理解する認知的共感（例：今あの人はとってもうれしいに違いないと理解できる）があるとされる（de Waal, 2008）。共感は相手との関係性

表 8-1　他者を癒す行動の動因についての仮説

仮　説	動　因	対象となる人の親密度
嫌悪反応減弱仮説	痛がっている人に共感することで惹起される自らの嫌な気持ちを和らげるために，他者の痛みを癒す	ニュートラル（中立） 例：多くの他人
共感に基づく罰仮説	痛がっている人を見逃すことで周りの人からの評価が下がることを気にして，他者の痛みを癒す	ネガティブ 例：嫌な印象の人，嫌いな人
共感に基づく報酬仮説	痛がっている人を癒すことで，その人に喜ぶことを見越して，他者の痛みを癒す	ポジティブ 例：仲の良い人，恋人

〔注〕他者を癒す行動の動因として提唱される 3 つの動因とそれに影響する親密度との関係を示した。

に応じて，共感する人に惹起される心的反応（感情的共感）の程度が変化する。感情的共感は，①親密度の低い人（よく知らない人，赤の他人）には惹起されにくい（de Vignemont & Singer, 2006），②親密度の低い人ではネガティブなもの（例：痛み，悲しみ）よりもポジティブなもの（例：喜び）は惹起しにくい，③親密度の高い人（肉親，きょうだい，恋人など）ではポジティブな感情的共感も惹起しやすくなる，という特徴がある。この点を踏まえて，筆者は親密度を操作した 3 つの実験計画を立案した。

　表 8-1 に示すように，親密度がニュートラル（中立）の人（例：多くの赤の他人）に対しては，嫌悪感情減弱仮説が成り立つと考えた。人間は，見知らぬ人でも怪我をして痛がっている場面を見かけると，自分も痛いような気がしてしまう。その場から立ち去ることでその痛みから逃れる人もいるだろうが，中立の人の痛みに対しては，その痛みに共感して，その共感反応を減弱しようとするということが鎮痛行動の動機づけとなるだろうと考えた。

　続いて，親密度が低い人（例：嫌な印象を持っている人，嫌いな人）に対しては，共感に基づく罰仮説が成り立つと考えた。先に述べたように，嫌な印象の人には，人間はなかなか感情移入をすることが難しい。また，嫌な印象の人がよい状況になるのをよしとしない人もいるだろう。そういうケースであっても，他人に見られているという状況では，（嫌々であったとしても）嫌な人が困っているのであれば，人間は手を差し伸べるのではないだろ

うか。嫌な印象の人の痛みを復讐心から見逃すという行為は，周りの人から悪い印象を受けるのではないかと思ってしまう。そのような周りの人の心的状況を勘案し，罰となる状況を回避しようとすることが動機づけになると考える。

　最後に，筆者らは，共感に基づく報酬仮説が成り立つのは，親密度が高い人（例：肉親や恋人）の痛みを癒すときであると考えた。他の人が喜んでいるのを見ると，関係性に応じて，妬んでしまうこともあれば，共に喜んだりすることもある。しかしながら，親密度が高いほど，共に喜ぶようなことが多くなっていくと考えられる。自分の子が褒められたときには，我が事のようにうれしさを感じた人もいるのではないだろうか。これらを踏まえ，親密度が高い人が痛がっている様子を見る際には，痛みからの解放されたときまでを想像し，その状況に安堵していることに共感する，ということが鎮痛行動の動機づけになってくると考える。

　以下にこの３つの仮説を検証するために，筆者らが実施した実験とその結果の概略について述べる。

a. 嫌悪反応減弱仮説の検証

　嫌悪反応減弱仮説の検証を行うために，20名の健常者（男性9名：平均年齢21.7歳，女性11名：平均年齢22.1歳）の被験者を得て，前述のサイバーボール課題（図8-2）を行っている際の脳活動を計測した（Kawamichi et al., 2016）。サイバーボール課題においては，途中で自分以外の被験者の1名にまったくトスが行かなくなる条件（仲間外れ条件）を設定した。仲間外れ条件では，トスが来なくなった人への被験者からのトスが有意に増えた。また，同時に他の被験者の心情を評定させると，トスを増やすのと並行して，トスが来なくなった人の心情が有意に改善していると評価していた。これらの点から，心的痛みを緩和する行動をとっていると判断できる。このときに，心的痛みがある際に活動する前帯状回（図0-4参照）が賦活する（活性化する／活動する）ことを確認した。この前帯状回の活動は，被験者が，トスが来なくなった人の心的痛みは減弱したと考える度合いが強いほど弱まっていた（図8-3）。これらの結果は，痛みを感じている人を見て嫌な気

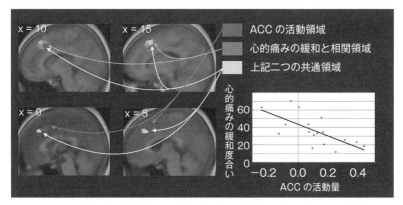

図8-3　中立な人の心的痛みを緩和する際の前帯状回（ACC）の活動領域
　　　　【口絵参照】
〔注〕心の痛みを表す前帯状回（anterior cingulate cortex; ACC）の活動，被験者が
　　評定した心的痛みの緩和度合いと相関を示す領域，これら2つの領域の共通領域を
　　それぞれ示し，右下の散布図は，被験者が評定した心的痛みの緩和度合いとACC
　　活動量の負の相関を示している（心の痛みが緩和されるほど，痛み関連脳領域であ
　　るACCの活動が低下する）。

分になるのを弱めることが，他者の痛みを癒す行動の動機づけであるという
嫌悪反応減弱仮説を脳活動の面から支持するものといえる。

b. 共感に基づく罰仮説の検証

　共感に基づく罰仮説の検証のためには，親密度の低い（仲の悪い）2名を
連れてくることが必要となる。当然ながら，そうした2名が同時に実験に協
力してくれるとは考えにくい。そのため，筆者ら（Kawamichi et al., 2019）
は，他の人に対する印象を実験的に操作する（悪い印象の人を実験的につく
り出す）こととした。実験に参加する前に，今まで会ったことがない2名の
インタビュービデオを見ることを被験者（男性21名：平均年齢21.5歳）に
課した。

　そのインタビュービデオは，一人がネガティブな内容を話すもの（内容を
話した人の印象が悪くなる），もう一人がニュートラル（中立）な内容を話
すもの（特に印象づけされない）であった。インタビュービデオを見た後

に，そのビデオに出ていた2名を含めた複数人でサイバーボール課題に参加することとした。被験者にインタビュービデオに出ていた人の印象を確認すると，ネガティブな内容を話した人に対する印象が想定したとおりに悪くなっていた。

　実験では，この2名のどちらか一方にトスが回らないような条件を設定した。その結果，印象が悪い人へのトスは，印象の中立な人と比較すると少なくなるものの，仲間外れの状況になるとどちらの人に対してもトスが増えることが確認された。脳の活動を調べると，印象が悪い人へのトスを増やす際には，自分のイメージを処理するといわれる楔前部（precuneus）の活動が強まっていた。さらに，この領域は社会的な報酬を処理する線条体との間での信号のやりとりが高まっていることも確認できた（図8-4）。

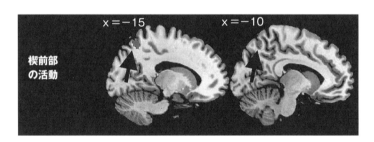

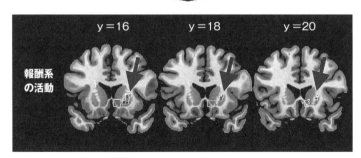

図8-4　嫌な人の心的痛みを緩和する際の脳の活動
〔注〕上段：嫌な人の心的痛みを緩和する際に活動が見られる楔前部の領域を示した。下段：楔前部は報酬系の一部（下段）と情報のやりとりをしていることを示唆する結果であった。

つまり，印象が悪い人の心的痛みを和らげる際には，見て見ぬふりをすると（周りの人からの）自分のイメージが悪くなることや，悪い印象の人であってもその人の痛みを和らげることで（周りの人からの）自分のイメージがよくなると想像すること，それらが動機づけになっているという共感に基づく罰仮説を支持する結果であった（Kawamichi et al., 2019）。

c. 共感に基づく報酬仮説の検証

　共感に基づく報酬仮説の検証のために，親密度の高い2名として，交際関係にある男女のペア11組（平均交際期間2.5年，男性平均年齢27.0歳，女性平均年齢28.1歳）にサイバーボール課題に参加してもらった（Kawamichi et al., 2013）。この実験では，途中で自分の交際相手にトスが来ないように設定した。他の実験と同様に，被験者はそのような状況になると交際相手へのトスを増やした。この際に，社会的報酬の処理をする線条体が賦活することを確認した。この線条体の活動は，相手への愛情が強ければ強いほど強くなっていた（図8-5）。

　人間は，愛情が強いほど，相手の悲しみ・喜びに対して同一の感情を生起し，我が事のように感じることができる。そうした観点からも，愛情の強さは，感情的共感の強さと関係がある。今回の結果は，交際相手の心的痛みを癒されたことによって，交際相手がポジティブな感情を抱くであろうと予期し，それに共感したことが動機づけになっていると考えることができ，共感

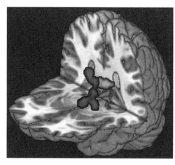
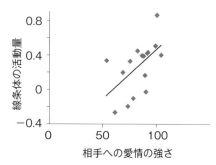

図8-5　親密な人の心的痛みを緩和する際に活動を示した線条体の領域と活動量
〔注〕この領域の活動は相手への愛情の強さが強いほど活動量が増した。

に基づく報酬仮説を支持する結果である。

　このように筆者らの研究グループは，他者の痛みを癒す際の動機づけは，相手との関係性によって異なり，大きく3つのものがあることを脳科学の面から明らかにした。こうした行動原理を理解することは，他者の痛みに寄り添うような感情的な共感が必要とされる職種（例：心理職，看護師や医師などの医療者）にとって非常に重要である。今後は，この知見を生かしてどのように介入するかという観点からの研究が進むことを期待する（医療者の共感能力については 9-6 節参照）。

 まとめ

- キーワード
    行動（behavior）
    動機づけ（motivation）
    共感（empathy）
- 他者の痛みを癒す行動は，さまざまな動物種で見られ，相手のためを思った利他的な動機によることがある。
- 人間が他の動物種と決定的に違うのは，高度な社会性を有する（大きな集団を形成する）ということである。
- 高度な社会を形成する人間では，自分に利益があるから他者の痛みを癒す行動をとるといったこともある（偽利他的行動）。
- 偽利他行動の動因には3種類あるが，共感がキーとなり，相手との関係性に左右される。
- fMRI 研究により，他者の痛みを癒す行動の動因（動機づけ）について重要な神経基盤（自己イメージ形成や報酬系との結びつき）が明らかになった。

引用文献

Archer, R. L., Diaz-Loving, R., Gollwitzer, P. M., Davis, M. H., & Foushee, H. C. (1981). The role of dispositional empathy and social evaluation in the empathic mediation of helping. *Journal of Personality and Social Psychology*, *40*(4), 786–796.

Batson C. D. (2011). *Altruisms in humans*. Oxford University Press. (菊池章夫・二宮克美(訳) (2012). 利他性の人間学——実験社会心理学からの回答. 新曜社.)

de Vignemont, F., & Singer, T. (2006). The empathic brain: how, when and why? *Trends in Cognitive Sciences*, *10*(10), 435–441.

de Waal, F. B. M. (2008). Putting the altruism back into altruism: The evolution of empathy. *Annual Review of Psychology*, *59*, 279–300.

Dunbar, R. I. M. (1998). The social brain hypothesis. *Evolutionary Anthropology*, *6*(5), 178–190.

Eisenberger, N. I., Lieberman, M. D., & Williams, K. D. (2003). Does rejection hurt? An fMRI study of social exclusion. *Science*, *302*(5643), 290–292.

Eisenberger, N. I., & Lieberman, M. D. (2004). Why rejection hurts: A common neural alarm system for physical and social pain. *Trends in Cognitive Sciences*, *8*(7), 294–300.

Kawamichi, H., Sugawara, S. K., Hamano, Y. H., Makita, K., Kochiyama, T., Kikuchi, Y., … Sadato, N. (2019). Prosocial behavior toward estranged persons modulates the interaction between midline cortical structures and the reward system. *Social Neuroscience*, *14*(5), 618–630.

Kawamichi, H., Tanabe, H. C., Takahashi, H. K., & Sadato, N. (2013). Activation of the reward system during sympathetic concern is mediated by two types of empathy in a familiarity-dependent manner. *Social Neuroscience*, *8*(1), 90–100.

Kawamichi, H., Yoshihara, K., Sugawara, S. K., Matsunaga, M., Makita, K., Hamano, Y. H., … Sadato, N. (2016). Helping behavior induced by empathic concern attenuates anterior cingulate activation in response to others' distress. *Social Neuroscience*, *11*(2), 109–120.

Krebs, D. L. (1975). Empathy and altruism. *Journal of Personality and Social Psychology*, *32*(6), 1134–1146.

Piliavin, I. M., Dovidio, J. F., Gaertner, S. L., & Clark, R. D. I. (1981). *Emergency intervention*. Academic Press.

Smith, K. D., Keating, J. P., & Stotland, E. (1989). Altruism reconsidered: The effect of denying feedback on a victim's status to empathic witnesses. *Journal of Personality and Social Psychology*, *57*(4), 641–650.

Williams, K. D., Cheung, C. K., & Choi, W. (2000). Cyberostracism: Effects of being ignored over the Internet. *Journal of Personality and Social Psychology*, *79*(5) 748–762.

9章

痛みに強い脳をつくる

荻野 祐一

9–1
慢性痛の蔓延は国力低下に

　慢性痛（chronic pain）は「3カ月以上続く痛み」のことをいうが，日本人口の 10〜20％が主として慢性の腰痛や肩の痛みに罹患し，日常の生活の質（quality of life; QOL）を落とし，活動性と生産性の低下を招き（働けなくなり），ひいては医療費の膨張と経済的損失を引き起こしている（Takura et al, 2015）。米国においても，1年の医療費総額のうち，痛みによる医療費および労働生産性の低下に関連するコストを合わせると，心臓病やがん，糖尿病にかかるコストよりも大きいとされている（Gaskin & Richard, 2012）。慢性痛が招く膨大なコストには，うつ病や不安障害，睡眠障害の併発に伴い，長きにわたり複数の医療機関にかかることにより，医療費が倍々に増えていく実態も原因としてあるだろう。また慢性痛対策がおろそかになれば，生活保護や労災など公助，共助の負担増につながっていく。さらには労働力が社会から失われ，大きな損失となるうえに，予防策や初期対応が尽くされない限り，患者本人は長期にわたって悩むことになる。

　慢性痛治療において基本とされる薬物療法や介入治療は，一時的な鎮痛には結びつくものの，今ひとつ決定打に欠けるというのが実態である。実は，薬物治療よりも認知行動療法・運動療法を治療初期から導入するほうが，治癒へ向かう近道である。治療の目標を「短期間で無痛状態にすること」とは

せず，むしろ痛みと共に生き（no pain, no life），痛みを抱えながらも何とか QOL を向上させ，運動量と生産性を上げていくといった，人々の意識や認知に働きかけるような方向に目標を設定することが大事である。つまりは，慢性痛治療においてもパラダイムシフト（概念転換）が必要である。

　慢性痛がもたらす労働力低下と医療費増大が，社会経済に与える影響は実際に莫大であることから，痛みを単なる個人的苦悩体験として捉えるのみならず，社会的損失，あるいは国力低下として捉えることが可能だ。そうした社会経済的側面から，慢性痛治療を考えるうえで大事なのは，患者の社会的背景と病態を理解し，自発的に社会活動への復帰を目指すような意識変革を施すように働きかけをすることである。慢性痛治療というミクロな視点からのみならず，2018 年には高齢化率 28％を上回った「超」超高齢社会を突っ走る日本の国力維持・向上というマクロな社会経済的側面からも，人々が痛みに対する概念を変え，行動を変え，そして生活様式・習慣を整えることが重要になってくる。

⚡ 9-2 ⚡
痛みの悪循環

　日本の国力維持・向上のためには慢性痛に対する治療のパラダイムシフトが必要であると述べたが，決して大げさではなく，慢性痛という長引く痛みがもたらす経済的，人的損失は計り知れない。「痛みは感情」であるがゆえに，精神面で不安，うつ状態，嫌悪感，恐怖感情といった負の感情を引き起こし，また，単に「痛いから動けない」というような日常動作においても行動制限を引き起こす。この感情の変化と，運動・行動量の低下により，ますます精神状態は落ち込み，さらなる行動制限へと相乗的に導かれていく。そして，その行動制限と精神状態の悪化はさらに強力な痛みをもたらしていくという，この負のスパイラル（らせん，連鎖的な変動）状態を「痛みの悪循環」という（図 9-1）。

　いったんこの痛みの悪循環に陥ると，脳を含む神経にはさまざまな器質的変化——中枢性・末梢性感作（sensitization），再構築（reorganization），脱

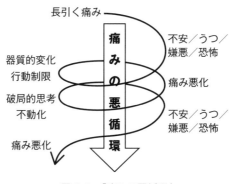

図 9-1 「痛みの悪循環」

〔注〕急性痛であれば，炎症が和らぐとともに痛みも和らぐうちに，最終的には無痛
となり痛みの記憶も次第に薄れる。しかし，神経障害性疼痛や痛覚変調性疼痛のよ
うな治りにくい痛みに長時間さらされると，人間の精神と行動は徐々にむしばま
れ，まるで抜け出せないらせん状の階段を下り落ちるような状態となっていく（痛
みの悪循環）。「痛みの悪循環」にいったん陥ると，暗く，変化の少ない表情，少な
い口数，ぎこちない姿勢，歩行や最小限の動き，ネガティブな思考回路といった，
慢性痛疾患に特有の人格変化と雰囲気をまとうようになる。慢性痛により，脳を含
む神経にはさまざまな器質的変化が生じ，さらなる神経症状を引き起こす。「慢性
痛は神経変性疾患」といわれるゆえんである。

抑制（disinhibition），グリア細胞活性化（glial activation）――が生じ，さら
なる精神神経症状と痛みを引き起こすことになる。こうした「痛みの悪循
環」（図 9-1）から引き起こされる器質的変化が，さらなる痛みと精神的不
調を引き起こすことから「慢性痛は神経変性疾患」であるともいわれる。

　不安やうつといった精神の変調（emotional distress）は，痛みの悪循環
に陥った人間に特徴的な症状であり，痛みに強い執着，強い痛みを永遠に与
えられるような地獄がこの先もずっと続いていく，といったネガティブな思
考回路に陥りがちとなる（図 5-5 を参照）。こうした痛みの悪循環に特徴的
な思考回路を「痛みの破局的思考」といい，これを評価する質問紙もある
（図 9-2: 松岡・坂野，2007）。痛みの破局的思考と慢性痛との関連は深く，
破局的思考の減少に伴って慢性痛が軽快したり，破局的思考の程度によって
病状の予後を予測したりできることが示されている（Ikemoto et al., 2020;
松岡・坂野，2007）。

いったん陥ってしまうと抜け出すのが難しい，まるで下りのらせん階段のような「痛みの悪循環」をどこかで断ち切ること，そして痛みから少しずつでも解き放たれる「治癒への好循環」（9-4 節参照）へとライフスタイルを徐々に切り替えていくという構図が，慢性痛治療の大枠となっている。それには次節の脳適応性（brain plasticity）についての理解が不可欠である。

Pain Catastrophizing Scale（PCS）日本語版

この質問紙では，痛みを感じている時のあなたの考えや感情についてお聞きします。以下に，痛みに関連したさまざまな考えや感情が 13 項目あります。痛みを感じている時に，あなたはこれらの考えや感情をどの程度経験していますか。あてはまる数字に〇をつけてお答え下さい。

	全く当てはまらない	あまりあてはまらない	どちらともいえない	少しあてはまる	非常に当てはまる
1. 痛みが消えるかどうか，ずっと気にしている	0	1	2	3	4
2. もう何もできないと感じる	0	1	2	3	4
3. 痛みはひどく，決して良くならないと思う	0	1	2	3	4
4. 痛みは恐ろしく，痛みに圧倒されると思う	0	1	2	3	4
5. これ以上耐えられないと感じる	0	1	2	3	4
6. 痛みがひどくなるのではないかと怖くなる	0	1	2	3	4
7. 他の痛みについて考える	0	1	2	3	4
8. 痛みが消えることを強く望んでいる	0	1	2	3	4
9. 痛みについて考えないようにすることはできないと思う	0	1	2	3	4
10. どれほど痛むかということばかり考えてしまう	0	1	2	3	4
11. 痛みが止まって欲しいということばかり考えてしまう	0	1	2	3	4
12. 痛みを弱めるために私にできることは何もない	0	1	2	3	4
13. 何かひどいことが起きるのではないかと思う	0	1	2	3	4

図 9-2　痛みの破局的思考尺度

〔注〕痛みの破局的思考尺度（pain catastrophizing scale; PCS）は，慢性痛の成立と深く関わっていて，痛みについて繰り返し考える「反すう」，痛みへの脅威に対する過大評価（拡大視），痛みの見通しに対する「無力感」を反映する。このような思考回路を持つ者は痛みの悪循環に陥りやすい。また，いったん破局的思考に陥ってしまうと，らせん状の悪循環から抜け出せず，ますます痛みは強くなる。

〔文献〕松岡・坂野（2007）

⚡9-3⚡
脳適応性

　人間の心身は，日々の仕事，食事や運動習慣など，さまざまな環境要因やライフスタイルによって影響を受けるが，脳もライフスタイルによって形と機能が影響を受けて変化する。脳が形を変えるというと驚くかもしれないが，人間の脳は，環境や経験，学習，習慣により，その形態（structure）と機能（function）の両方が，互いに影響を及ぼしながら変化していく。この脳が持つ柔軟な性質——脳に本質的に備わっている，環境や経験，学習，習慣により形態と機能を変化させる性質——を「脳適応性（brain plasticity）」という。

　これまでは，brain plasticity の "plasticity" は「可塑性（かそ）」と訳され，現在でも日本における研究者の間では「脳可塑性」と呼ぶことがほとんどであることである。しかし，筆者の講演においてある識者から指摘を受け，この「可塑性」という訳語は誤訳とまではいえないものの，日本の脳科学研究における認識を歪めてしまう悪影響が大きいことに気がつき，この「可塑性」を「適応性」と表現するように訂正していくべき，と考えている。

　確かに辞書で "plasticity" を検索すると，「1. 可塑性，2. 柔軟性・適応性」とあり，単純に1番目の「可塑性」を訳として当ててしまったように思える。しかしながら，塑性（そせい）とは「粘土のように，外部から力を加えると，永久変形を生じる性質」である（美術では，粘土などを使って形成された立体造形を塑像（そぞう）と呼ぶ）。上述のように人間の脳は，環境や経験，学習，習慣により，その形態と機能を柔軟に変化させていき，その変化は絶えず変わる環境と状況によって，もとに戻ったり，さらに変化したりしていくような柔軟な適応性を備えている。例えば，長引く痛み（慢性痛）によって，人間の脳は，特に前帯状回（anterior cingulate cortex; ACC）や前頭前野（prefrontal cortex; PFC）といった痛み関連脳領域の体積縮小を認める。しかし，その変化は永遠に続くものではなく，治療による痛みの軽減によって，その体積は回復することが示されている（Obermann et al., 2009）。

そのような，脳が本質的に持つ柔軟な「適応性」を「可塑性」と訳してしまっては，可塑の「力を加えて変形させたとき，永久変形を生じる性質」という意味合いが強調されてしまい，まるで外部要因により変化してしまった脳はもとに戻らないという誤った印象を植え付けてしまう。そもそも「可塑性」という用語自体が直感的に分かりにくいうえ，さらに上記の誤った概念を流布させてしまう恐れすらある。したがって，脳が本質的に持つ環境や学習に適応する柔軟な性質を的確に表現するためには，「脳適応性」と訳すべきと考えられる。

　筆者自身も「脳可塑性」という訳語を使用してきたが，今後は，脳の研究を進めるうえで，さらには日本人が抱くべき脳に対する認識を正し，発展性のあるものとするためにも，「脳適応性（brain plasticity）」と呼称することを提唱したい。このため，本書では brain plasticity には「脳可塑性」ではなく，「脳適応性」という訳語を用いている。

⚡ 9-4 ⚡
痛みの脳適応性

　9-2 節における「痛みの悪循環」（図 9-1）における脳適応性には，まず痛みによる不動化（immobilization）の影響として，第一次体性感覚野の縮小が明らかにされている（Lissek et al., 2009）。長引く痛みという強いストレス状態下に置かれた脳は，早期から前頭前野（PFC）や海馬といった脳部位に可塑的な形態（多くは体積縮小）と機能低下が観察される（Apkarian et al., 2011）。

　確かに，前述のように慢性痛患者では痛み関連脳領域の体積減少の報告が多い（Apkarian et al., 2011）。しかしながら，慢性痛があれば，ある脳領域の体積が縮小するといった単純な話ではない。例えば，筆者らが行った研究（Sugimine et al., 2016）においては，神経障害性疼痛の度合いを測定する PainDETECT Questionnaire（PD-Q）と前帯状回と後帯状回の体積が正の相関関係を示した（図 9-3）。これは，分子生物学的な神経新生による体積増加というよりは，グリア細胞（神経細胞の間質に存在し，現在では痛みへ

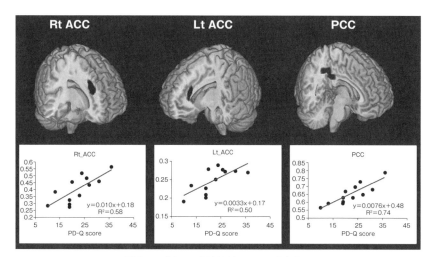

図 9-3 「痛みの悪循環」による脳適応性

〔注〕慢性痛患者の持つ神経障害性疼痛の性向と脳灰白質容積変化と正の相関が見られた脳部位（黒色部位）は，前帯状回（anterior cingulate cortex; ACC）と後帯状回（posterior cingulate cortex; PCC）などの痛み関連脳領域であった。積年の神経障害性疼痛が痛みの感情や認知などに関わる脳適応性（brain plasticity）という変化をもたらす。これは，脳に質的な変化をもたらすことから中枢性感作（central sensitization）と呼んでもよいだろう。慢性痛形成に関わる「痛みの悪循環」を表象したものと考えられる。

〔略語等〕Lt：左，PD-Q：PainDETECT Questionnaire，R^2：相関係数，Rt：右。

〔文献〕Sugimine et al.（2016）

の関連が強く疑われている）の新生によるものであり，「痛みの悪循環」（図9-1）を表したものと考えられる（Sugimine et al., 2016）。

一方，慢性痛に対する認知行動療法や運動療法などは，慢性痛の機序に基づく治療（mechanism-based medicine）といえるが，その通底する根拠は脳適応性（9-3 節）にほかならない。痛みの悪循環に陥ってしまった慢性痛患者において，その脳の形態と機能は前述のように変化してしまうが，逆に，食事や運動，認知，習慣といったライフスタイルを見直すことにより，ここでも脳に元来備わっている柔軟な適応性を利用し，脳の形態と機能をもとに戻し，さらには「痛みに強い脳」をつくり上げようという概念が，認知行動療法や運動療法の根底にある。このような「痛みの悪循環」からのギア

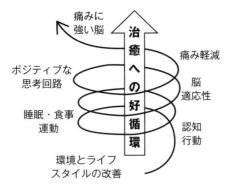

図 9-4 「治癒への好循環」

〔注〕環境とライフスタイル（生活習慣）が脳を変え，脳が認知と行動を変える。痛みに強い脳をつくるために，運動習慣や食事を見直し，環境を整える。それに従い，人間が本質的に持つ脳適応性（brain plasticity）により，その形態と機能は変化する。脳の適応的変化に伴い，慢性痛特有の認知と行動（痛みに執着したネガティブな思考回路と極端な忌避行動）も是正されていく。これらのライフスタイル見直しはポジティブな相乗効果（シナジー効果）を生み，「治癒への好循環」として「痛みの悪循環」を抜け出す第一歩となる。したがって，この「治癒への好循環」こそが（薬物療法のような対症療法と違い），機序に基づいた治療（mechanism-based medicine）といえる。

チェンジを，筆者は「治癒への好循環」と名づけた（図 9-4）。「治癒への好循環」を生み出すライフスタイル（生活様式）を持ち，最終的に痛みに強い脳をつくることは，脳が本質的に持っている適応性（brain plasticity）を利用することである。

⚡ 9-5 ⚡
痛みに強い脳をつくる

　痛みがあることによってライフスタイルは変わってしまうが，逆にライフスタイルを変えることによって痛みも変わる。長引く痛みには，家庭，仕事，収入などの社会的環境と背景が密接に絡んでいる。また社会とのつながり，心のあり方や持ちようによって，痛みは大きく影響を受ける（3 章参照）。ライフスタイル（生活様式）を見直すこととは，痛みで歪んでしまっ

た認知をもとに戻し，日頃の感情を整えて（感情制御の方法は9-6節と9-7節参照），行動と習慣を見直すことである。「慢性疼痛診療ガイドライン」（慢性疼痛診療ガイドライン作成ワーキンググループ，2021，p. 131，p. 269）においても，慢性疼痛に対する認知行動療法および患者教育を組み合わせた運動療法は「推奨度：1（強）：施行することを強く推奨する」であり，線維筋痛症に対する運動療法はその重症度，生活の質，痛み，疲労感，身体機能，筋の硬さを改善させており有効（同じく推奨度1）とされている（具体的にどのような運動が適しているのかは9-9節を参照）。

　筆者のような痛みを専門とする医療者は，痛みの専門外来（ペインクリニック外来）やリハビリテーション外来などでさまざまな慢性痛患者を診察する。その臨床現場において，基本となる薬物療法（投薬治療，処方）だけで改善する患者は，残念ながらほとんどいない。確かに特効薬のような効き目を示す薬剤も（疾患によっては）存在するし，薬物療法は少なくとも治療のきっかけにはなってくれて，補助的役割は十分に果たしてくれる。しかし，特に重症例になればなるほど薬物療法や（神経遮断治療などの）介入療法（インターベンション治療）のみで治癒することはまれである。また薬物療法やインターベンション治療は副作用の心配を常にする必要があり，患者と医療者の負担は少なくなく，かかるコストに対してベネフィット（恩恵）が少ない（Takura et al., 2015）。

　長引く痛みが治癒，改善に向かうケースでは，医療者が患者に病態を明快に説明でき，患者自身の気づきを促し，患者自ら能動的にライフスタイルを整えていくケースが圧倒的に多い。つまり，患者自身に認知を変えることを促し，日常の行動と習慣を変えることから始めてもらうことにより，長期間にわたる治癒が成功する（図9-4）。痛みの悪循環に陥った患者をすくい上げるには，長期的視点に立ち，さまざまな治療法を組み合わせながら（マルチモーダルアプローチ），患者の認知とライフスタイルに働きかけ「痛みに強い脳」をつくるような働きかけが大切である。環境とライフスタイルが脳を変え，脳が慢性痛特有の認知と行動様式を改めるという「治癒への好循環」（図9-4）をつくり出すことが肝要である。

⚡ 9-6 ⚡
環境による脳の変化

　ここまでさまざまな環境要因やライフスタイルが，脳の形態（構造）と機能に変化を与えることを述べてきたが，人間が生きていくうえで，職業はとても大きな環境・生活要素となる。例えば「職業病」などといって，職業上の習慣が日常にも特有の反応や認知をもたらすことなどはよく知られている。そのような長年にわたる職業経験・学習による認知の変化，感情制御の変化は，脳に確実に影響を与える。その例として最初に報告されたのが，ロンドンのタクシードライバーにおける海馬前部（同部位はナビゲーション，針路記憶に関わる）の体積増大である（Maguire et al., 2000）。このほかにも，多くの輪や玉を使った曲芸であるジャグリングの学習過程における後頭頂葉（同部位は空間認識に関わる）の体積増大（Draganski et al., 2004），音楽家における聴覚運動野における体積増大（Gaser & Schlaug, 2003）といった具合に，経験と学習，必要とされる機能に応じた適応的変化が認められている。

　では医師・看護師などの医療者の脳はどのように変化するのだろうか。医療者には，病人やケアを必要とする人を対象とする職業であるため，高い共感能力が求められている。高い共感能力というのは，他者への思いやりや利他的・協調行動の源になっており，医療だけでなく，介護や飲食，接客業など多彩な専門的職業にも求められている。しかし，その一方で，過剰な共感はかえって感情制御を乱して大きな心的負担（ストレス）となり，共感失調（empathic distress）といった負の状態を引き起こす（Singer & Klimecki, 2014）。共感失調は最終的にうつ症状や燃え尽き症候群，自殺などの悪い結果を導くことが分かっている。こうした職業環境により，医師や看護師などの医療者は，高い共感能力を必要とされる一方，共感失調を起こしやすい典型的な感情労働（emotion-demanding profession）である。

　では，どのように医療者は共感能力を調節し，感情制御を行っているのだろうか。例えば，外科医が患者の腹を縦一文字に切開するとき，「すごく痛

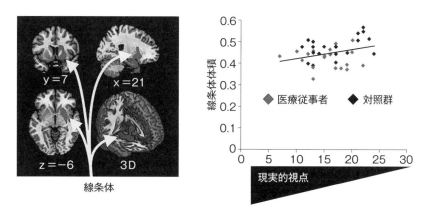

図9-5　医療者が持つ現実的視点と線条体体積の相関関係

〔注〕線条体は，大脳皮質と密に連絡を持つ旧皮質であり，人間の情動（感情よりも
本能的），繊細な運動機能を制御・コントロールする。医療者は，患者に寄り添い
つつも，感情的動揺をもたらす場面では，過剰な共感を排しながら，現実的視点
（realistic view）という認知再評価を効率的に採用し，過剰な感情を適切に制御す
る。その職業的訓練・学習による認知と行動の自動効率化が，線条体体積の縮小と
いう脳適応性（brain plasticity）に表象される。

〔文献〕Ogino et al.（2019）

そうだ」などと切開するたびに共感しているだろうか。手術中の患者の痛み
に外科医が逐一共感していては手術どころではなくなるため，現実には外科
医は共感能力を制御したうえで冷静にメスを握っている。医療者は，感情を
制御（コントロール）することを強く求められるため，さまざまに遭遇する
感情的に厳しい状況に対し，現実的な物事の見方，現実的視点（realistic
view）をとることが明らかになっている（Ogino et al., 2019）。そのため，
医師・看護師の共感度スコアは概して低めに出ることも分かった（Ogino et
al., 2019）。医療者の持つ現実的視点は，脳の深部にある線条体体積の縮小に
表されることが明らかになっている（図9-5）。医療者における，この線条
体体積の縮小は，機能低下のようなネガティブな意味合いではなく，遭遇し
た状況に対し冷静に，落ち着いてテキパキと効率的に対処するような実際的
かつ現実的見地の滋養を表しており，熟練したスポーツ選手，音楽家やチェ
スプレーヤーにも同様の「自動化」「効率化」を表象した線条体縮小が観察
される（Duan et al., 2012）。

⚡ 9-7 ⚡
感情制御のやり方

　「治癒への好循環」（図9-4）で示した「認知・行動」という用語は，痛みに対する認知と，それに続く行動を変えていくことを意味する。つまりライフスタイルを変えることにより，脳と認知を変えるということは，事象に対する認知反応を意図的に変えるような感情制御（コントロール）を行う，ということにほかならない。

　感情制御の方法には，表出抑制（expressive suppression）と認知再評価（cognitive reappraisal）の2つがある（Gross, 2002）。表出抑制は，内なる感情の表出を抑えることであり，例えば，理不尽なクレームに本心とは異なる笑顔で対応するなどが挙げられる。この表出抑制は，その制御効果（感情の高ぶりを抑えつける効果）が早い（即効性がある）というメリットがある一方，内的心情と外的表出が大きく異なるため，感情を抑えつけるのに多大な労力を要し，心的ストレスをもたらすというデメリットがある。医療者では，この表出抑制の傾向が強いと，燃え尽き症候群になりやすいことが示されている（Tei et al., 2014）。3-7節において言及した「冷酷な人間はなぜ表情に乏しいのか」という問いに対しては，冷酷（に見える）人間は感情制御の方法として表出抑制を採用しており，意図的に他者への共感能力を，その場ですぐに下げることが容易であるから，というのが理由だ。

　一方，認知再評価という方法は，感情を惹起するような状況を再評価し，なるべく自身の感情にとって負荷の少ない意味合いで受け入れる方法であり，表出抑制のように即効的でないものの，より心的負荷が少なく，効率的な感情制御の方法である（Gross, 2002）。医療現場で養われる現実的視点とは，この認知再評価の典型であり，湧き起こった感情をいったん切り離し，状況を実際的そして冷静に受け入れるという認知の再評価プロセスを経る。そのため現実的視点は，より心的負担が少なく，より効率的である。この認知再評価は，実際の医療現場における感情制御の方法として，業務の安全化と効率化に役立っている。例えば，現場の悲惨な事態に対する認知を現実的

に再評価することにより，過剰な共感を避け，うつ症状や燃え尽き症候群を予防するといった具合である（Tei et al., 2014）。

⚡ 9–8 ⚡
痛みの認知を再評価しよう

　つまり，痛みに強い脳をつくるために「認知を変えていく」ということ（図9-4）とは，感情である痛み（1章を参照）をコントロールする方法として，表出抑制ではなく，認知再評価を採用するということである（9-7節参照）。

　「痛みの認知再評価」とは，具体的には，自身が抱える痛みを無表情で耐え，決して一人で抱え込む（表出抑制する）のではなく，その痛みを自身の痛みとして受け入れつつ，現実的視点により客観視し，日々記録し，数値化や言語化，映像化を試み，痛みのパターンを認識・評価し，自身の痛みを外界に表現することである。以前，筆者が所属する施設では認知行動療法の教科書 *Managing Chronic Pain: A Cognitive-Behavioral Therapy Approach: Workbook*（Otis, 2007）に基づき，認知行動療法プログラムを実践していたが，まさに日々の痛みについての日記をつけて（数値化・言語化），ストレスの少ない環境下で過ごすという中身であった（廣木・齋藤，2016）。

　現在，慢性痛の治療で基本となっているのは薬物治療であるが，あくまで対症療法（symptom-based medicine）であり，慢性痛発生の機序（メカニズム）に基づいた治療（mechanism-based medicine）ではない（9-5節参照）。慢性痛の機序は真に「痛みの悪循環」（図9-1）であり，慢性痛患者に特有の否定的な破局的思考（図9-2）に陥ったスパイラルから抜け出せない状態である。したがって，慢性痛の「機序に基づいた治療」とは「治癒への好循環」（図9-4）であり，ライフスタイル改善を実施することから，歪んでしまった後ろ向き認知を，前向きな認知行動パターンへと再構成を図り，脳適応性を利用し「痛みに強い脳」をつくっていこうとする根本的な治療アプローチとなる。

　ちなみに「痛みの認知を再評価しよう」といっても，日々痛みを数値化し

たり日記をつけたりするのが苦手だ，面倒だ，億劫だ，という人も（筆者も含めて）多いのではないだろうか。筆者は，外来でも行えるような，なるべく簡易な認知行動療法として，次の3点を提案している。

①**睡眠**　規則正しい生活，生活リズム改善。

②**運動**　不動化を防ぐ（9-9 節参照）。

③**傾聴**　医療者の態度。

③の「傾聴」とは共感的態度のことで，患者の話を聞く際に，適切なタイミングでうなずくなど，話し手の感情に共感し受け入れる態度を示すテクニックである。慢性痛患者には「痛みの悪循環」に陥った思考回路により，猜疑心が強くなったり易怒的（怒りっぽい）になったりする傾向があり，場合によっては医療不信に陥っていることがあり得る。そういった慢性痛患者特有の思考回路には「痛みを分かってもらえない」という苦悩が根底にあることが多い。痛みは極めて個人的な感情であるため，医療者が患者の痛みを完璧に追体験し再現することはできないし，また共感疲労を防ぐためにもすべきではない（9-7 節参照）。

しかしながら，医療者と患者の適度な会話の間合い，辛抱強く患者の言わんとすることに耳を傾け，医療者が患者に対して受容的態度を示す「傾聴」の有効性は，その科学的根拠がしっかり証明されており（Kawamichi et al., 2015），臨床的な実感としても効果的である。Kawamichi ら（2015）は，傾聴的態度を受けた被験者（患者）は，報酬系領域（腹側線条体）と共感に関わる島前部を活性化させ，傾聴的態度を受けた話し手（患者）が「自分はよい話をした」と自己肯定感を感じていることを明らかにしている。

⚡ 9-9 ⚡
運動療法では何をしたらよいのか

これまで「痛みの悪循環」（図 9-2）から「治癒への好循環」（図 9-4）への分岐点となるためには，ライフスタイル改善の一環として，痛みの認知を再評価することと，運動習慣を生活に取り入れることの重要性を述べた。ただ，取り組むべき認知再評価と運動療法の両輪のうち，「運動」について

は具体的に何をしたらよいのだろうか。これは，慢性痛患者からもよくある質問でもある。

　結論から述べると「ストレス・フリー（負荷のかからない）の運動」というのが，直球の答えである。さらに述べると，「ストレス・フリーの低強度運動を生活習慣として継続すること」という説明が，運動療法をより的確に表すのにふさわしい。

　運動療法自体の科学的確証（エビデンス）は，メタ分析研究により，高い鎮痛効果と機能改善効果が認められている（慢性疼痛診療ガイドライン作成ワーキンググループ，2021，p. 128）。さらに脳適応性という観点から，運動は中年期以降であっても前頭前野（prefrontal cortex; PFC）と海馬の体積を増加させ，機能面では，痛みの減少のみならず，作業記憶能力の向上といった認知機能の改善をもたらす（Erickson et al., 2011）。前頭葉にあるPFC（図 3-2 参照）は「痛み体験の管理センター」ともいうべき役割を担っており（Ong et al., 2019），プラセボ効果でも中心的役割を果たす（3-3 節参照）。また PFC は，痛みに対するあらゆる治療（認知行動療法，運動療法，薬物療法，磁気刺激，電気刺激，鍼治療，音楽療法，共感，瞑想，宗教心）において，そのコントロールを担い，重要な役割を持っている。また，慢性痛になりやすいリスク因子として，海馬と海馬周囲の体積が小さいことを報告した研究もあり（Vachon-Presseau et al., 2013），慢性痛治療の鍵となる領域は PFC と海馬という 2 つの領域，そしてその両者の（解剖学的・機能的）つながりにありそうだ。

⚡ 9–10 ⚡
運動療法は 10 分の散歩から

　「治癒への好循環」（図 9-4）によって痛みからの解放を目指す運動療法とは，「ストレス・フリーの低強度運動を生活習慣として継続すること」により，脳 PFC と海馬の活動を高める脳適応性を導いたうえで，認知機能向上と痛みの改善をもたらすことを，9-9 節で述べた。一口に運動といっても，さまざまな強度と持続時間，運動の性質（全身性か局所か，有酸素運動か無

酸素運動か，耐久性の筋力トレーニングかストレッチかなど）があり，例えば，線維筋痛症に対しては有酸素運動と筋力トレーニングが，ストレッチよりも有効であった，というようなメタ分析によるエビデンスも集積してきている（Ferro Moura Franco et al., 2021）。しかし，同じ疾患でも患者一人ひとり状況が異なり，さらに罹患期間は長期にわたるので，リハビリテーションの専門家から細やかな運動メニューをずっと組んでもらうというのは現実的ではないだろう。「治癒への好循環」（図 9-4）のライフスタイルの一部として運動を組み込むために，大枠で運動療法の原理原則を知り，やりたい種類の運動をストレス・フリーの低強度運動から始めることが極めて大事である。結局のところ，痛みに対する運動療法とは，健康を目指す運動と何ら変わるところはない。次の5点を運動療法の原理原則として挙げる。

①痛みのない部位の運動

②ストレス・フリーの低強度の運動

③痛みの改善のみにこだわらない

④身体活動量の向上を目的とする

⑤全身性の運動を短時間から

運動効果は動かした部位のみならず，全身に表れる。細かな運動の種類にも差はないといっても差し支えなく，やりたい運動をやるべきである。継続してモチベーションを保てるよう，無理をせず，やりすぎにならないよう，しかし，やらなさすぎもだめで，継続が大事である。筆者は，運動療法として10分間の散歩から始めることを勧め，余力があれば，低強度から中等度へと移行するように勧めている。運動は PFC を介して報酬系領域を活性化させることが分かっており（Ong et al., 2019），いわゆるドーパミン放出によるランナーズ・ハイ状態による多幸感を生じ，これも「治癒への好循環」の一助となると考えられる。

【付　記】

運動療法に関する記述（9-8 節と 9-9 節）については，後藤文夫名誉教授（群馬大学）の新刊原稿（後藤，2022）を拝読する機会を得たところから

着想を得て，坂本淳哉先生（長崎大学生命医科学域保健学系准教授）のご講演内容（坂本，2020）を参考にしたうえで，筆者の臨床経験的見地と文献的エビデンスを含めて著述した。

まとめ

- キーワード
    慢性痛（chronic pain）
    適応性（plasticity）
    強い脳（strong brain）
- 脳は環境や経験により形態と機能が変化することを脳適応性（brain plasticity）という。
- 長引く痛みによりうつ状態に陥り，運動量は減り，痛みに対する認知も歪んでいく（痛みの悪循環）。
- 痛みは脳を変えてしまうが，ライフスタイルも脳を変える。
- 「治癒への好循環」は，脳適応性を応用し，生活習慣や環境を是正することにより，脳から変化させようとする治療試行であり，主に認知行動療法と運動療法がある。
- 「治癒への好循環」は，慢性痛の機序に基づいた治療であり，有効性は高い。
- 認知行動療法は，慢性痛特有の否定的かつ破局的思考を，前向きな認知パターンへと再評価し，感情を制御することである。
- 運動療法は，ストレス・フリーの低強度運動（10 分間の散歩）を習慣にすることから始めるとよい。

引用文献

Apkarian, V. A., Hashmi, J. A., & Baliki, M. N. (2011). Pain and the brain: specificity and plasticity of the brain in clinical chronic pain. *Pain, 152*, S49–S64.

Draganski, B., Gaser, C., Busch, V., Schuierer, G., Bogdahn, U., & May, A. (2004). Neuroplasticity: changes in grey matter induced by training. *Nature, 427*, 311–312.

Duan, X., He, S., Liao, W., Liang, D., Qiu, L., Wei, L., … Chen, H. (2012). Reduced caudate volume and enhanced striatal-DMN integration in chess experts. *NeuroImage, 60*, 1280–1286.

Erickson, K. I., Voss, M. W., Prakash, R. S., Basak, C., Szabo, A., Chaddock, L., … Kramer, A. F. (2011). Exercise training increases size of hippocampus and improves memory. *Proceedings of the National Academy of Sciences of the United States of America, 108*, 3017–3022.

Ferro Moura Franco, K., Lenoir, D., Dos Santos Franco, Y. R., Jandre Reis, F. J., Nunes Cabral, C. M., & Meeus, M. (2021). Prescription of exercises for the treatment of chronic pain along the continuum of nociplastic pain: A systematic review with meta-analysis. *European Journal of Pain, 25*, 51–70.

Gaser, C., & Schlaug, G. (2003). Brain structures differ between musicians and non-musicians. *Journal of Neuroscience: The Official Journal of the Society for Neuroscience, 23*, 9240–9245.

Gaskin, D. J., & Richard, P. (2012). The economic costs of pain in the United States. *Journal of Pain, 13*, 715–724.

後藤文夫 (2022). 高齢期を楽しむ脳と体づくり――「ストレス・フリー」が健康寿命を延ばし認知症を防ぐ. 中央公論新社.

Gross, J. J. (2002). Emotion regulation: Affective, cognitive, and social consequences. *Psychophysiology, 39*, 281–291.

廣木忠直・齋藤繁 (2016). 認知行動療法を取り入れたグループ療法「慢性痛リハビリ」の実際. 伊豫雅臣・齋藤繁・清水栄司（編） 慢性疼痛の認知行動療法――"消えない痛み"へのアプローチ (pp. 122–154). 日本医事新報社.

Ikemoto, T., Hayashi, K., Shiro, Y., Arai, Y. C., Marcuzzi, A., Costa, D., & Wrigley, P. (2020). A systematic review of cross-cultural validation of the pain catastrophizing scale. *European Journal of Pain, 24*, 1228–1241.

Kawamichi, H., Yoshihara, K., Sasaki, A. T., Sugawara, S. K., Tanabe, H. C., Shinohara, R., … Sadato, N. (2015). Perceiving active listening activates the reward system and improves the impression of relevant experiences. *Social Neuroscience, 10*, 16–26.

Lissek, S., Wilimzig, C., Stude, P., Pleger, B., Kalisch, T., Maier, C., … Dinse, H. R. (2009). Immobilization impairs tactile perception and shrinks somatosensory cortical maps. *Current Biology, 19*, 837–842.

Maguire, E. A., Gadian, D. G., Johnsrude, I. S., Good, C. D., Ashburner, J., Frackowiak, R. S., & Frith, C. D. (2000). Navigation-related structural change in the hippocampi of taxi drivers. *Proceedings of the National Academy of Sciences of the United States of America, 97*, 4398–4403.

慢性疼痛診療ガイドライン作成ワーキンググループ（編） (2021). 慢性疼痛診療ガイドライン. 真興交易 医書出版部.

松岡紘史・坂野雄二 (2007). 痛みの認知面の評価――Pain Catastrophizing Scale 日本語版の

作成と信頼性および妥当性の検討．心身医学，*47*，95-102.

Obermann, M., Nebel, K., Schumann, C., Holle, D., Gizewski, E. R., Maschke, M., ... Katsarava, Z. (2009). Gray matter changes related to chronic posttraumatic headache. *Neurology, 73*, 978–983.

Ogino, Y., Kawamichi, H., Kakeda, T., & Saito, S. (2019). Exploring the neural correlates in adopting a realistic view: A neural structural and functional connectivity study with female nurses. *Frontiers in Human Neuroscience, 13*, 197.

Ong, W. Y., Stohler, C. S., & Herr, D. R. (2019). Role of the prefrontal cortex in pain processing. *Molecular Neurobiology, 56*, 1137–1166.

坂本淳哉　(2020)．痛みをやわらげる運動の秘訣．日本いたみ財団．https://nippon-itami.org/ondemand_youtube-ch_public-lecture/（2022年10月7日閲覧）

Singer, T., & Klimecki, O. M. (2014). Empathy and compassion. *Current Biology, 24*, R875–R878.

Sugimine, S., Ogino, Y., Kawamichi, H., Obata, H., & Saito, S. (2016). Brain morphological alternation in chronic pain patients with neuropathic characteristics. *Molecular Pain, 12*, 1–7.

Takura, T., Ushida, T., Kanchiku, T., Ebata, N., Fujii, K., DiBonaventura, M. d., & Taguchi, T. (2015). The societal burden of chronic pain in Japan: An internet survey. *Journal of Orthopaedic Science: Official Journal of the Japanese Orthopaedic Association, 20*, 750–760.

Tei, S., Becker, C., Kawada, R., Fujino, J., Jankowski, K. F., Sugihara, G., ... Takahashi, H. (2014). Can we predict burnout severity from empathy-related brain activity? *Translational Psychiatry, 4*, e393.

Vachon-Presseau, E., Roy, M., Martel, M. O., Caron, E., Marin, M. F., Chen, J., ... Rainville, P. (2013). The stress model of chronic pain: Evidence from basal cortisol and hippocampal structure and function in humans. *Brain, 136*, 815–827.

あとがき──エビデンスを超えて

　本書『痛みの心理学』を編集するにあたり，通底するテーマとして取り組んだのは，以下の3点である。

- 痛みは，喜怒哀楽と並ぶ人間の感情である。
- 人生に，痛みは避けられないものである。
- 痛みがもたらす不安や怒りにどう対処し，痛みと共生していくにはどうすべきか。

　以上のテーマに対して，執筆者には，実際に自分の手を動かして論文を執筆し，現場感覚を持ち合わせている研究者にお願いしている。その結果，巷でよく見かける，関連論文をネット検索した結果を表面的になぞったような，いわゆる"科学本"とは一線を画す，痛みの専門書としても科学的厳密さ（rigidity）と力強さ（robustness）を備えた一冊の本になったように思う。また，難解な脳科学用語はなるべく平易な言葉で記述するように心がけ，心理学科や医学科の学生のみならず，患者さんを含め広く一般に読者を想定した。しかし，やはり科学的厳密さは外せない要素であったため，少々難解になってしまった部分もある。その点については，痛みの専門家でも一読に耐える書となっていることを考慮し，ご容赦いただきたい。

　本書は「心理学」を名乗っているが，実際には「脳科学」である。そのことから，本書が本当に「心理学」なのかどうか疑問に思う読者もいるかもしれない。しかし，実は，現代の心理学にとって，この「脳科学」という1990年代から急速に発達してきた新しい道具（ツール）は欠かせないものとなっている。筆者が大学院生だった2003年頃，脳科学研究のために生理学研究所（岡崎市）へ国内留学をしていたが，そこにいた若い脳科学研究者の多くが心理学科の出身であることに驚いた。当時の筆者にとって心理学とは，日本ではいわゆる"文系"学部にあたるという思い込みがあり，"理

系"研究者の牙城である生理学研究所に多くの心理学科生が出向し，数多くの脳科学的成果を出していたことに驚いたのである。思い返せば，心理学はもはや脳科学の力を借りずには語れない状況になっていたのかもしれない。当時すでに心理学は，主観的なアンケートのデータだけから理論構築を繰り返すことが難しくなり，感情のように常に揺らぐものであっても，客観的な科学的証拠（エビデンス）を示さないと，その厳密さに疑問符が付くようになっていたと思われる。脳画像解析による脳活動，解剖，ネットワークの変化を，刻々と経時的に，客観的・定量的な統計に基づいて図として一目で呈示することができた脳科学は，心理学との親和性が非常に高く，お互いの知見が融合されていった。そうした科学技術の背景から，2000年代はさまざまな人間の社会活動，行動，感情活動が，次々に心理学・脳科学的に解明されていった時期だったように思う。

　誤解のないように付け加えるが，エビデンスに席巻されたのは，何も心理学だけではなく，同時期（2000年前後）に医療現場もエビデンスに完全に浸食されていった。筆者は1998年に研修医として医師人生をスタートしたが，当時の病院はテレビドラマで観るような，教授が多くの教室員を引き連れて病棟内を練り歩く"教授回診"がまだ存在した。教授という一人の人間の主観的な経験によって治療方針が決まっていたのだ（経験に基づく医療）。しかし，そのような属人的な状況は，インターネットの急速な普及も相まって，科学的知見を集積させた統計学的証拠（エビデンス）という"憲法"に取って代わられた（エビデンスに基づく医療）。そして"教授回診"は，いまやテレビドラマの中でしか見られない郷愁の思いを起こさせる代物となった。20年前は属人的な現場であった医療現場も「エビデンスがあるのかどうか」を厳しく問われる状況に代わっていったのである。

　本書のテーマとしている「痛みは，喜怒哀楽と並ぶ人間の感情である」ということも，20年前はまだ非常識な「意見」にすぎなかったが，エビデンスとして集積されることにより盤石な「常識」へとパラダイムシフト（概念転換）してきた。しかしながら，まだまだエビデンスが足りないのが，痛みを鎮め，癒やすべき「鎮痛」「癒し」分野である。「痛みがもたらす不安や怒りにどう対処し，痛みと共生していくにはどうすべきか」という問いにはい

まだ決定的な答えがない。例えば，アロマセラピー（6章）やマッサージ（7章）などはもっと医療現場でも活用してもよさそうなものだが，大病院になるほど導入されていない。大病院においてアロマセラピーやマッサージが活用されにくい理由は，やはりエビデンスに乏しいからであろう。しかし近年では，そうしたエビデンス至上主義がもたらす硬直性に疑問符が付くことも出てくるようになった。エビデンスは医療者にとって確かに"憲法"ではあるが，統計であるがゆえに，10年単位くらいで，それまでのエビデンスがひっくり返ることを経験するようになってきたからである。

　本書『痛みの心理学』は，それぞれの専門家が，自らの研究体験をもとに信頼度の高いエビデンスを提供しながら執筆しているため"エビデンス本"もしくは"医療・科学本"としても読むことができる。さらには各専門家がエビデンスはここまでという境界を呈示しながらも，自らの経験則に基づき，その先を超えた可能性や実践的な応用まで呈示できたように思う。本書を機に，これまで科学的アプローチのあまりなかった分野にも「脳科学」という武器を持ち込み，新たな科学的知見を加えるきっかけになればと願う（Ogino et al., 2021）。

　最後に，いつも先輩研究者・共同研究者としてもさまざまな助言を筆者に与えてくださるばかりか，忙しい医療現場の合間を縫って，この『痛みの心理学』の共同執筆者を引き受けていただいた小山哲男先生，掛田崇寛先生，小林しのぶ先生，川道拓東先生に，この場を借りて感謝申し上げたい。また筆者に，痛みに対する新たな切り口を世に示すという本企画を持ちかけてくれた編集担当の小林弘昌氏（誠信書房）に深く感謝申し上げる。

2023 年 1 月

編者　荻野　祐一

Ogino, Y., Kawamichi, H., Takizawa, D., Sugawara, S. K., Hamano, Y. H., Fukunaga, M., Toyoda, K., Watanabe, Y., Abe, O., Sadato, N., Saito, S., Furui, S. (2021). Enhanced structural connectivity within the motor loop in professional boxers prior to a match. *Scientific Reports, 11,* 9015.

索　引

■ 編者紹介

荻野　祐一（おぎの　ゆういち）

　香川大学医学部麻酔学講座教授，博士（医学），日本麻酔科学会認定 麻酔科専門医・指導医，日本ペインクリニック学会認定 ペインクリニック専門医，1998 年群馬大学医学部卒業，2007 年群馬大学大学院医学系研究科麻酔神経科学専攻博士課程修了
　主要著訳書：『症例問題から学ぶ生理学』（共訳，丸善出版，2018），『痛みのバイオマーカーとしての機能的脳画像診断法』（分担執筆，真興交易医書出版部，2020）

■ 著者紹介

荻野　祐一（おぎの　ゆういち）【まえがき，0 章，1 章，3 章，9 章，あとがき】

　〈編者紹介参照〉

小山　哲男（こやま　てつお）【2 章】

　西宮協立脳神経外科病院リハビリテーション科部長，兵庫医科大学医学部特別招聘教授，博士（医学），日本リハビリテーション医学会専門医・指導医，日本ペインクリニック学会専門医

掛田　崇寛（かけだ　たかひろ）【4 章，5 章，6 章】

　川崎市立看護大学看護学部教授，博士（保健学）

小林　しのぶ（こばやし　しのぶ）【7 章】

　国立成育医療研究センター社会医学研究部研究員，博士（保健学）

川道　拓東（かわみち　ひろあき）【8 章】

　済生会宇都宮病院麻酔科レジデント，群馬大学大学院医学系研究科研究員，博士（工学），博士（医学）

痛みの心理学
──感情として痛みを理解する

2023 年 3 月 15 日　第 1 刷発行
2023 年 8 月 10 日　第 2 刷発行

編　者　荻　野　祐　一
発　行　者　柴　田　敏　樹
印　刷　者　藤　森　英　夫

発行所　株式会社　誠　信　書　房
〒112-0012　東京都文京区大塚 3-20-6
電話 03(3946)5666
https://www.seishinshobo.co.jp/

がん患者の語りを聴くということ
病棟での心理療法の実践から

L．ゴールディ／Ｊ．デマレ 編著
平井正三・鈴木 誠 監訳

病院におけるがん患者の疎外体験という根源的な問題を発見し、人の尊厳に向き合う心理療法を開始した著者による、苦闘と実践の記録。

A5判並製　定価(本体3200円+税)

身心の自己調整
こころのダイアグラムとからだのモニタリング

坂入洋右 編

「身体が先で心は後」という流れで自分をコントロールするための極意を伝授。観察して見守ることがいかに有効であるかを学ぶ。

A5判並製　定価(本体2600円+税)